Friedrichs · Praxisbuch Klassenrat

Birte Friedrichs

Praxisbuch Klassenrat

Gemeinschaft fördern, Konflikte lösen

2. Auflage

BELTZ

Dr. Birte Friedrichs ist Gymnasiallehrerin für die Fächer Deutsch, evangelische Religion und Darstellendes Spiel und ausgebildete Beratungslehrerin. Neben ihrer Unterrichtstätigkeit am Friedrichsgymnasium in Kassel ist sie Pädagogische Mitarbeiterin am Institut für Erziehungswissenschaft der Uni Kassel. Außerdem führt sie regelmäßig Fortbildungen für Lehrer/innen aller Schulformen durch zu Themen wie Klassenrat, Klassenleitung und kreative Unterrichtsmethoden.

Dieses Buch ist auch als E-Book erhältlich
(ISBN 978-3-407-29258-2).

2., neu überarbeitete Auflage 2014

www.beltz.de
Lektorat: Jürgen Hahnemann
Herstellung: Lore Amann
Satz: Beltz Bad Langensalza GmbH, Bad Langensalza
Druck: Beltz Bad Langensalza GmbH, Bad Langensalza
Umschlaggestaltung: glas ag, Seeheim-Jugenheim
Umschlagfoto: Michael May, Hannover
Printed in Germany

ISBN 978-3-407-62824-4

Inhaltsverzeichnis

* Im Internet finden Sie unter www.beltz.de *Tipps zum Weiterlesen*, außerdem können dort die *Kopiervorlagen* im A4-Format downgeloadet werden (siehe S. 114 ff. und 122 ff.).

Vorwort

Wir geben euch eins:
Sehnsucht nach einem besseren Leben,
welches es noch nicht gibt,
aber doch einmal geben wird,
ein Leben der Wahrheit und Gerechtigkeit.
(Janusz Korczak 1919)

Sehnsucht nach einem besseren Leben verspricht Janusz Korczak den ihm anvertrauten Kindern seines Waisenhauses im Jahr 1919, vor fast 100 Jahren. Gibt es eine bessere Motivation für das Bemühen um gelingendes Leben als die Sehnsucht?

Finde dich nicht ab mit dem, was dich daran hindert, glücklich zu sein! Sprich es an, wenn Probleme zwischen dir und anderen stehen – und sucht gemeinsam nach einer Lösung! Tue etwas, wenn du siehst, dass andere unfair behandelt werden! Beteilige dich an der Gestaltung des Zusammenlebens in der Schule, bring dich mit deinen Wünschen und Ideen ein – du bist Teil dieser Gemeinschaft! So ließe sich konkretisieren, was »Leben der Wahrheit und Gerechtigkeit« bezogen auf die Schule bedeuten kann. Wie oft hören Kinder stattdessen: »Das ist nun mal so!« »Damit musst du dich abfinden – daran kann man nichts ändern.«

Etwa zeitgleich zu Korczak entwickelt Celestin Freinet als Lehrer einer kleinen französischen Dorfschule den Klassenrat – er spricht von der *Klassenversammlung* – als einen Ort, an dem die Klasse ihre Arbeit eigenständig organisiert. Mein Eindruck ist: Freinet wird dabei von der Sehnsucht bewegt, die Korczak im Blick hat. Der Wunsch, sich mit dem Gegebenen nicht abzufinden, sondern eine Sehnsucht nach mehr, einem noch besseren Miteinander, mehr Gerechtigkeit und Mitbestimmung, ist bis heute eine Triebfeder des Klassenrates.

Der Klassenrat ist eine besondere Stunde in der Woche, die ganz in den Händen der Schülerinnen und Schüler liegt. Sie bringen Themen ein, die sie im Rahmen der Klasse diskutieren und zu einer guten Lösung führen wollen. In Klassen, die neu zusammengesetzt sind, geht es zunächst vornehmlich um Probleme. Es ist wichtig, Regeln auszuhandeln, die in der Gemeinschaft gelten sollen. Und doch ist Klassenrat weit mehr als eine Stunde, die für die Klärung von Konflikten bereitgestellt wird: Klassenrat ist vor allem ein Ort demokratischer Partizipation. Hier entscheiden Schüler/innen verantwortlich mit in wichtigen Fragen des Unterrichts und Schullebens. Damit leistet der Klassenrat einen wesentlichen Beitrag zur Umsetzung der am 20.11.1989 ratifizierten UN-Kinderrechtskonvention.

Kennengelernt habe ich den Klassenrat 1995 an der Offenen Schule Kassel-Waldau, einer an der Pädagogik Freinets orientierten Reformschule. Wichtige Erfahrungen verdanke ich meinen Schüler/innen, mit denen ich seit vielen Jahren Klassenrat halte. Das Gespräch mit Lehrer/innen und Sozialarbeiter/innen an der Offenen Schule Waldau und im Rahmen zahlreicher Klassenratsfortbildungen half, mein Verständnis des Klassenrats zu vertiefen und Schwierigkeiten der praktischen Umsetzung zu erkennen. Somit ist dies ein Buch aus der Praxis für die Praxis.

Es freut mich sehr, dass mein Klassenratsbuch viele Leserinnen und Leser gefunden hat und mich immer wieder ermutigende Rückmeldungen erreichen. Das Interesse am Buch ist gleichbleibend hoch.

Deshalb haben der Beltz-Verlag und ich uns für eine erweiterte zweite Auflage entschieden. Die Überarbeitung profitiert insbesondere von Erfahrungen, die ich im Rahmen von Klassenratsfortbildungen an unterschiedlichen Schulformen machen konnte. So ist beispielsweise ein neues Kapitel (Kapitel 7) hinzugekommen, das gezielt der Frage nachgeht, wie der Klassenrat mit Grundschüler/innen gestaltet werden kann. Deutlich erweitert wurde Kapitel 6, das Methoden zur Verbesserung der Gesprächskompetenz vorstellt.

Das Buch legt eine bewährte Form des Klassenrats dar – gewissermaßen als »roten Faden« – und macht aufmerksam auf Alternativen. Auf einige Kapitel sei an dieser Stelle hingewiesen:*

- *Kapitel 2* gibt einen Einblick in den Klassenratsalltag einer fünften Klasse und zeigt anhand des Beispiels Grundzüge des Klassenrats auf.
- *Kapitel 3* erläutert detailliert, was der Klassenrat ist. Geschildert wird, wie der Klassenrat vorbereitet wird, in welchen Punkten er sich vom Fachunterricht unterscheidet, welche Regeln gelten und wie eine Klassenratssitzung abläuft.
- *Kapitel 4* befasst sich näher mit den großen Themenkomplexen des Klassenrats: Lob, Kritik und Wünsche.
- *Kapitel 5* geht der Frage der historischen »Wurzeln« des Klassenrats nach.
- In *Kapitel 8* werden Schwierigkeiten reflektiert, die den Klassenrat belasten können – oft ohne dass die Beteiligten sich dessen bewusst sind. Wer für mögliche Schwierigkeiten sensibilisiert ist, kann ihnen besser begegnen.
- *Kapitel 9* geht auf typische Fragen ein, die in Einführungsseminaren zum Klassenrat gestellt werden – sozusagen die FAQs zum Klassenrat.

Ich wünsche allen, die sich auf den Klassenrat einlassen – Schüler/innen und ihren Lehrer/innen – viel Erfolg!

Kassel im Dezember 2013 *Birte Friedrichs*

---

* An unterschiedlichen Stellen zitiere ich aus Interviews zum Klassenrat und aus Protokollen. Die Namen aller Personen wurden anonymisiert.

1. Einleitung

1.1 Demokratie als Herausforderung für die Pädagogik

Kinder beim Heranwachsen zu mündigen Bürgern einer demokratischen Gesellschaft zu unterstützen, ist eine zentrale Aufgabe der Schule. Eine zu beobachtende Demokratieverdrossenheit unter Jugendlichen und auch die Sorge vor wachsendem Rechtsradikalismus sind Anlass dafür, dass seit einigen Jahren verstärkt nach Möglichkeiten der Demokratieerziehung gefragt wird. Das BLK-Programm »Demokratie leben & lernen« (2002–2007), die Gründung der »Deutschen Gesellschaft für Demokratiepädagogik« (DeGeDe, gegründet 2005) und der seit 1989 für alle Schulformen ausgeschriebene »Wettbewerb Demokratisch handeln« sind Ausdruck dieses Bemühens.

Lange Zeit wurde Demokratie als Unterrichtsstoff verstanden, dessen kognitive Vermittlung Aufgabe des Politikunterrichts sei. Anfang des 21. Jahrhunderts wird ein Umdenken erkennbar: »Galt es bisher als ausgemacht, dass die ›politische‹ Bildung sich auf die Analyse und die Beurteilung ›politischer‹ Fragen im engeren Sinne konzentrieren solle, so stellen neuere Initiativen ein breiter angelegtes ›Demokratie-Lernen‹ ins Zentrum der didaktischen Bemühungen« (Himmelmann 2003).

(G. Mester/Baaske Cartoons, Mühlheim)

Karikatur »Demokratische Erziehung« von Gerhard Mester

Schule kann der Aufgabe der Demokratieerziehung nur gerecht werden, wenn sie Kindern und Jugendlichen kontinuierlich die Möglichkeit gibt, Demokratie als Lebensform zu erfahren. Schüler/innen müssen unmittelbar erleben, dass sie ihre Schule, und zwar Unterricht und Schulleben, verantwortlich gestalten können, dass sie in wichtigen Fragen des Zusammenlebens gleichberechtigt mitentscheiden können – und dass Partizipation Freude macht.

Schule als zentrale Bildungsinstitution trägt in hohem Maße Verantwortung für die Frage, inwieweit Jugendliche die Bereitschaft, die erforderlichen Kompetenzen und das Zutrauen in die Möglichkeit einer Mitwirkung an der Gesellschaft entwickeln.

So einleuchtend diese Gedankengänge sind, so anspruchsvoll ist die Frage ihrer praktischen Umsetzung im Schulalltag. Einen wesentlichen Beitrag leistet hier der Klassenrat. Gefragt, warum sie mit ihren Schüler/innen Klassenrat praktiziere, antwortet eine Lehrerin der Offenen Schule Kassel-Waldau: »Im Klassenrat [...] geht's einfach darum, demokratische Verhaltensweisen einzuüben. Wirklich Demokratie zu praktizieren. Und das nicht aus dem hohlen Bauch heraus« (nach Friedrichs 2004a, S. 149).

Zwei Aspekte sind mir wichtig: Zum einen wird Klassenrat verstanden als gelebte Demokratie, als ein Raum, in dem Schüler/innen und Lehrende nicht *über* Demokratie sprechen, sondern Demokratie verwirklichen. Zum anderen geschieht dies nicht »aus dem hohlen Bauch heraus«, dem eigenen Geschick oder der Situation überlassen, sondern in einem Sicherheit vermittelnden, klar strukturierten Rahmen. Schulen, die den Anspruch haben, demokratisch zu sein, sind auf das Gremium Klassenrat angewiesen.

In regelmäßigen Abständen versammelt sich eine Klasse im Kreis, um die Angelegenheiten zu regeln, die sie betreffen: als Individuen mit ihren ganz eigenen Wünschen und Sorgen; als Kinder und Jugendliche, die ein Interesse daran haben, ihre Gemeinschaft zu gestalten; als Menschen, die nur dann gut miteinander leben und lernen können, wenn Konflikte konstruktiv ausgetragen werden.

1.2 Die Idee einer humanen Schule

Schule wird bis heute von vielen Kindern und Jugendlichen als Ort erlebt, an dem über sie bestimmt wird und mit dem sie sich kaum identifizieren können. Sie sehen sich mit Fragen konfrontiert, die nicht die ihren sind, und sollen Dinge lernen, deren Relevanz ihnen verschlossen bleibt. Dabei stehen sie unter zunehmendem Leistungsdruck.

Die Liste der Probleme, die den schulischen Alltag prägen, lässt sich erweitern, etwa durch Stichwörter wie: erheblicher Anteil von Einzelkindern, Zusammentreffen von Kindern aus unterschiedlichen kulturellen Kontexten, Belastung vieler Kinder durch familiäre Konflikte oder soziale Probleme, die nicht an der Schultür abgelegt werden können. Dennoch spielt dies im Unterricht kaum eine Rolle.

Dieser Problemskizze stehen Vorstellungen von einer ganz anderen, einer demokratischen, humanen Schule gegenüber. Klassenrat ist ein wichtiger Baustein einer solchen Schule. Deshalb seien zwei Leitideen dieser Schulkonzepte skizziert.

Schule als Lern- und Lebensraum

Schule ist ohne Frage ein Ort des Lernens. Schüler/innen wie Lehrende verbringen einen erheblichen Teil ihres Lebens in der Schule. Schulzeit ist Lebenszeit. Deshalb kann es nicht reichen, Schule nur als Lernraum zu verstehen. Wer sich jahrelang in der Schule aufhält, muss sich dort wohlfühlen können – das ist, nebenbei bemerkt, auch lernpsychologisch von erheblicher Bedeutung.

Schüler/innen müssen erleben können: Hier werde ich als Persönlichkeit ernst genommen, ich bin wichtig. Schule als Lebensort bedeutet zugleich, den anderen wahrzunehmen mit seinen Bedürfnissen, Wünschen, Schwierigkeiten und inneren Nöten.

Schule als »embryonic society« – ein Lernort von Demokratie

John Dewey prägte den Begriff von Schule als einer »embryonic society«. »Society« meint dabei die Gesellschaft, in der wir leben. Dewey versteht Schule als Mikrokosmos der Gesellschaft, im Prozess befindlich, nicht »ausgewachsen« und fertig. Überschaubar und für Veränderungen offen zu sein, das ist eine Chance von Schule. Die demokratisch verfasste »große« Gesellschaft ist schon für Erwachsene kaum zu durchschauen. Sie aktiv mitzugestalten fällt schwer.

Der staatsbürgerliche Auftrag von Schule heißt: Erziehung zur Demokratie. Wie aber kann diese anspruchsvolle Aufgabe erfüllt werden? Grundsätzlich und für alle Schulformen gilt, was in den Empfehlungen zur Neugestaltung der Primarstufe »Die Zukunft beginnt in der Grundschule« aus dem Jahre 1996 so benannt ist:

> [Der staatsbürgerliche Auftrag] kann nur erfüllt werden, wenn alles pädagogische Geschehen in der Schule in demokratischen Formen realisiert wird. Die Grundschule ist daher gehalten, die Mitwirkungsmöglichkeiten der Kinder an der Gestaltung des Unterrichts, des Schullebens und der in der Schule gepflegten Umgangsformen vom

> ersten Tag an aufzugreifen, auszuschöpfen und durch angemessene Beteiligungsformen weiterzuentwickeln.
>
> (Faust-Siehl et al. 1996, S. 15)

Ein hoher Anspruch: Partizipationsmöglichkeiten in allen Bereichen der Schule im größtmöglichen Umfang zu schaffen und den einer Mitsprache der Schüler/innen gesetzten Rahmen kontinuierlich zu erweitern. Das betrifft Fragen des Unterrichts (Mitsprache bei der Wahl von Themen, Arbeitsformen und methodischen Zugängen) ebenso wie die Gestaltung des sozialen Lebens auf Klassen- und Schulebene. Hier hat Klassenrat seinen Platz, denn im Klassenrat übernehmen Schüler/innen die Verantwortung für das Zusammenleben innerhalb der Klasse und darüber hinaus in der Schulgemeinschaft.

Mit dem Klassenrat gewinnt ein Element der Reformpädagogik neu an Bedeutung. Das Bemühen um Partizipation war für den Reformpädagogen Célestin Freinet elementar wichtig. Eine Gemeinschaft, die alle wesentlichen Fragen des Zusammenlebens demokratisch entscheidet, benötigt einen Ort, an dem die unterschiedlichen Vorstellungen diskutiert und Konflikte besprochen werden können. Freinet entwickelte dafür den Klassenrat, der bis heute als »Herz« der Freinet-Pädagogik gilt.

1.3 Argumente für den Klassenrat

Warum halten Lehrer/innen mit ihren Klassen Klassenrat? Warum sollten Schulen Klassenrat einführen? Einige Argumente wurden bereits deutlich, andere, die an späterer Stelle ausgeführt werden, seien hier schon einmal benannt.

Erziehung zur Demokratiefähigkeit
Klassenrat ist ein Gremium, in dem Kinder und Jugendliche die Chance erhalten und ermutigt werden, ihre eigenen Anliegen zu artikulieren und ihre *eigene Meinung* zu äußern. Sie werden wesentlich an der Gestaltung ihres Zusammenlebens in Unterricht und Klassenleben beteiligt. Damit übernehmen sie zugleich *Verantwortung*, denn wichtige Entscheidungen werden ihnen nicht mehr von der »Institution Schule« oder den Lehrer/innen abgenommen. Schüler/innen müssen Entscheidungen treffen wie zum Beispiel: Welche Wünsche möchte ich besprechen? Was stört mich so sehr, dass ich es als Kritik einbringen möchte? Welche Aufgaben übernehme ich?

Viele Themen, die im Klassenrat besprochen werden, werden innerhalb der Klasse kontrovers beurteilt. Kinder lernen in diesen Gesprächen, dass es zu Fragen, die sie unmittelbar betreffen, unterschiedliche

Einstellungen gibt, und sie erkennen, dass auch die Meinung von Mitschüler/innen Respekt verdient. Sie lernen »aktives Zuhören« und machen die Erfahrung, dass sie anderen eher gerecht werden, wenn sie offen sind für deren Sichtweisen und interessiert an ihren Meinungen. Damit trägt Klassenrat zur Entwicklung von *Toleranzbereitschaft* bei.

Vermittlung von Kernkompetenzen
Die Kinder lernen im Klassenrat an ihren eigenen Fragestellungen und damit an Themen, die wirklich relevant für sie sind, anspruchsvolle Fähigkeiten: das *Leiten von Diskussionen*, die Anfertigung von *Protokollen* und *konstruktives Kommunizieren*.

Förderung eines guten Klassenklimas
Klassenrat ist ein verlässlicher Raum, in dem Kinder Konflikte bearbeiten können. Sie lernen in einem strukturierten Rahmen, Probleme konstruktiv zu lösen und unterschiedliche Meinungen zu Themen, die die Gemeinschaft betreffen, lösungsorientiert zu diskutieren. In der Auseinandersetzung mit Haltungen anderer erfahren sie viel über die Sichtweisen der Mitschüler/innen und Lehrer/innen. Sie erwerben *Empathiefähigkeit*, indem sie lernen, sich in Kinder und Jugendliche, die einen anderen Erfahrungshintergrund haben, hineinzuversetzen.

Identifikation mit der eigenen Klasse und der Schule
Wer in die Lage versetzt wird, mitzuentscheiden bei Belangen, die die Klasse oder die Schule als ganze betreffen, identifiziert sich stärker mit der eigenen Schule, als wenn Lehrer/innen oder »die Institution« vorgeben, welche Regeln gelten und was zu tun ist.

Stärkung des Einzelnen
Klassenrat lässt die Schüler/innen mit ihren Problemen nicht allein – jedes Kind, jeder Jugendliche wird mit seiner Meinung ernst genommen. Die Rubrik »Ich lobe« der Wandzeitung, beim Klassenrat individualpsychologischer Prägung auch die »positive Runde« am Beginn des Klassenrats, richten die Aufmerksamkeit auf die Fähigkeiten und das Bemühen der oder des Einzelnen. Damit trägt der Klassenrat zu einer Stärkung des Individuums bei.

⇨ S. 28

> Am Klassenrat finde ich gut, dass man nicht seine Probleme in sich hineinfrisst, sondern ausspricht, und dass man mitreden darf.
> *Chris, 6. Klasse*

Entlastung des Fachunterrichts

⇨ S. 28 ff.

Klassenrat verlangt den Kindern und Jugendlichen ab, dass sie mit der Besprechung ihrer Anliegen warten. Eine »Kontaktschleife« wird eingebaut: Der aktuelle Konflikt wird mit zeitlicher Verzögerung besprochen – in absehbarer Nähe zum Ereignis, jedoch nicht gleich »zwischen Tür und Angel«. Es entlastet den Fachunterricht merklich, einem Kind, das nach der Pause, aufgebracht über den Streit mit einem anderen, ankommt, sagen zu können: »Schreib es an die Wandzeitung, wir sprechen dann beim nächsten Klassenrat darüber.«

Argumente für den Klassenrat

- Erziehung zur Demokratiefähigkeit
  - Mut zur eigenen Meinung
  - Verantwortungsbewusstsein
  - Toleranzbereitschaft
- Vermittlung von Kernkompetenzen
  - Diskussion leiten
  - protokollieren
  - konstruktiv kommunizieren
- Förderung eines guten Klassenklimas
- Empathiefähigkeit
- Identifikation mit der eigenen Klasse und der Schule
- Stärkung des Einzelnen
- Entlastung des Fachunterrichts

1.4 Grenzen des Klassenrats

Klassenrat ist ein, nicht jedoch der immer passende Rahmen, um einen Konflikt zu bearbeiten. Haben Kinder *psychische* oder *familiäre Probleme,* dann benötigen sie besonderen Schutz und Zuwendung durch die Lehrer/innen. Und im Fall von Mobbing wäre die Moderation durch Kinder als Klassenratsleiter/innen fatal, hier ist hohe Gesprächsleitungskompetenz erforderlich (bewährte Anti-Mobbing-Konzepte finden sich in Jannan 2010).

Allerdings ist es gut möglich, dass von Mobbing betroffene Schüler/innen ihr Problem über die Wandzeitung in den Klassenrat einbringen. In diesem Fall haben *sie* sich dafür entschieden und das Recht, den Konflikt zu thematisieren. Hat die Lehrerin bzw. der Lehrer den Eindruck, dass im Klassenrat keine tragfähige Lösung erarbeitet werden kann, sollte sie/er dem Mobbingopfer nahelegen, ein Beratungsgespräch mit Klassenlehrer/in, Beratungslehrer/in oder einer Psychologin bzw. einem Psychologen zu führen.

1.5 Klassenrat als Baustein einer demokratischen Schule

Klassenrat ist Demokratie auf Klassenebene. In Fortbildungen zum Klassenrat wird gelegentlich als Problem benannt, dass Wünsche und Kritik von Schüler/innen, die über den Rahmen der Klasse hinausgehen, keinen richtigen Ort hätten, an dem sie thematisiert werden könnten. Eine solche Struktur muss im Raum Schule geschaffen werden, sonst hängt der Klassenrat in gewisser Weise »in der Luft«, erfährt keine Fortführung und Konkretion auf höherer Ebene.

In weiterführenden Schulen gibt es für diese Belange die durch Schulsprecher/innen geleitete Schülervertretung (SV), diese ist jedoch an vielen Schulen nicht hinreichend im Schulalltag und im Bewusstsein der Schüler/innen präsent. Einige Grundschulen praktizieren einen Klassensprecherrat, teilweise sogar Schülervollversammlungen, die durch Kinder geleitet werden. Wichtig ist, dass die Basis, die gesamte Schulgemeinschaft, zeitnah erfährt, was in den klassenübergreifenden Gremien ausgehandelt wurde. Dafür steht am Beginn des Klassenrats der Tagesordnungspunkt »Bericht aus der SV«.

Auch im Bereich der Problembearbeitung gibt es bewährte Angebote, die sich sinnvoll mit dem Klassenrat vernetzen lassen: Streitschlichter/innen, Beratungsangebote durch qualifizierte Beratungslehrer/innen, Schulpsycholog/innen oder Schulsozialarbeit.

Ein bewährtes Konzept der Vernetzung ist das folgende, es berücksichtigt auch die Frage, an wen bzw. welches Gremium sich Kinder wenden können, wenn sie Probleme mit Mitschüler/innen oder Lehrer/innen haben:

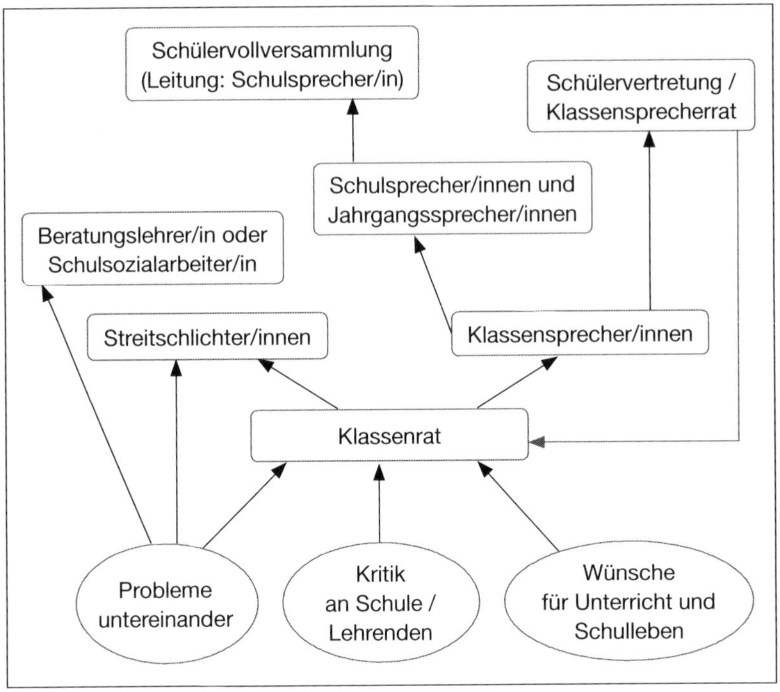

Möglichkeiten der Problembearbeitung und Partizipation in der Schule

Die Struktur allein ist noch nicht Garant für funktionierende Kommunikation zwischen Klassen, zwischen Schüler/innen und Lehrer/innen sowie zwischen diesen und der Schulleitung. Hier sind die Erwachsenen gefragt: Trauen sie den Kindern und Jugendlichen zu, wesentliche Beiträge zur Schulgestaltung zu leisten? Nehmen sie ihre Wünsche und Kritik ernst? Wünschen Sie sich die Mitsprache der Schüler/innen?

2. Was ist Klassenrat?

Was sich hinter dem Begriff »Klassenrat« verbirgt, lässt sich am besten an einem konkreten Beispiel aus dem Schulalltag zeigen: einer typischen Klassenratsstunde einer fünften Klasse, die ich als Klassenlehrerin an einer niedersächsischen Orientierungsstufe unterrichtet habe.

2.1 Einblick in eine alltägliche Klassenratssitzung

Ein Rahmen wird geschaffen

Es ist Freitag, sechste Stunde. Es hat zur Stunde geklingelt, ich öffne die Klassentür.

Meine Schülerinnen und Schüler waren bereits aktiv. Sie haben die Klasse umgeräumt, Gruppentische an den Rand geschoben und mit ihren Stühlen einen Kreis gebildet. Auf der einen Seite sitzen die Jungen, auf der anderen die Mädchen. Zwischen den Gruppen klafft auf einer Seite eine Lücke – Sicherheitsabstand. Auf der anderen Seite steht ein freier Stuhl. Irgendjemand hat an mich gedacht.

Der Klassenrat beginnt

Mein Eintreten irritiert die Kinder nicht weiter. Ich begebe mich leise auf meinen Platz. Einige Kinder sitzen ruhig abwartend auf ihrem Stuhl, andere unterhalten sich.

Lisa ist heute Vorsitzende. Sie leitet den Klassenrat. Ihre Nachbarin Anna, die Lisa heute als Assistentin zur Seite steht, schlägt den Klangstab und signalisiert damit, dass es an der Zeit ist, ruhig zu werden. Und tatsächlich werden die Gespräche eingestellt, die Blicke richten sich auf Lisa. Mit den Worten »Hiermit eröffne ich den Klassenrat« macht diese als Vorsitzende deutlich, dass nun der Klassenrat beginnt.

In den Händen hält Lisa das Klassentagebuch. Sie verliest zunächst das Protokoll der vergangenen Woche. Lisa möchte wissen: »Haben sich die Absprachen bewährt? Muss über irgendein Thema erneut gesprochen werden?« Letzteres ist nicht der Fall. Timon hat ein gutes Protokoll geschrieben, und die im letzten Klassenrat gefundenen Lösungen haben sich bislang als tragfähig erwiesen.

Deshalb geht Lisa zum nächsten Punkt über, der Vergabe von Ämtern. Nach einem im Klassenrat vereinbarten Prinzip werden bestimmte Ämter jede Woche am Beginn des Klassenrats neu verteilt – Austeildienst, Blumendienst, Stuhldienst, Kehrdienst, Klassenratsleitung, Protokollant/in. Jungen geben ihr Amt an Mädchen weiter, Mädchen an Jungen. Dabei achten sie darauf, Kinder auszuwählen, die das Amt bislang noch nicht innehatten. Wenn dennoch einmal Freundschaft vor Gerechtigkeit geht, dann gibt es meist jemanden, der protestiert und Gleichbehandlung einfordert.

Die Themen der Wandzeitung werden bearbeitet

Nun nimmt Lisa die Wandzeitung der zurückliegenden Woche zur Hand. Sie liest vor: »Ich lobe den Kehrdienst. Gezeichnet Sabrina. Unterschrieben haben Lara, Jens und Marcel.«

Lisa fragt Sabrina, ob sie noch etwas erklären wolle. Sabrina findet, dass mit ihrem Anschrieb bereits alles gesagt sei. Lennart und Timo, die seit einer Woche dafür zuständig sind, den Klassenraum am Ende des Schultages zu fegen, freuen sich sichtlich über das Lob. In der Vergangenheit gab es manches Mal Kritik an Kindern, die ihre Aufgabe als Kehrdienst nicht ernst genug nahmen.

Soll man ein Amt länger innehaben?

Lisa geht zum nächsten Punkt über: »Ich wünsche, dass Ämter immer für zwei Wochen vergeben werden. Gezeichnet Lennart.« Sie liest die Namen einiger Kinder vor, die den Vorschlag unterstützen. Dann wird Lennart aufgefordert, seinen Wunsch zu erläutern.

Lennart argumentiert, dass immer wieder Kinder kritisiert worden seien, weil sie ihr Wochenamt nicht gut ausgeführt hätten. Wenn man nun für ein Amt grundsätzlich zwei Wochen lang verantwortlich sei, dann habe man eher die Chance zu lernen, wie man es gut mache. Einige Kinder melden sich, Lisa nimmt sie dran. Verschiedene Meinungen und Argumente kommen zur Sprache: »Was ist mit Ämtern, die unbeliebt sind?« Und »warum nicht lieber gleich vier Wochen?«

»Malte meldet sich mit zwei Händen!«, ruft Tina rein. Das hatte Lisa nicht gesehen. Wer sich mit zwei Händen meldet, möchte etwas zur »Geschäftsordnung« sagen, deshalb muss er sofort drangenommen werden. Malte wendet sich an Lisa, sein Beitrag macht Sinn: »Ich finde, jetzt werden dauernd Sachen gesagt, die schon genannt wurden. Deshalb solltest du mal abstimmen lassen!« Lisa geht auf den Hinweis ein: »Wer ist für Lennarts Wunsch, dass man immer für zwei Wochen ein Amt hat?« Die Mehrheit unterstützt den Vorschlag. Lara, die heute Protokollantin ist, zählt die Stimmen und hält das Abstimmungsergebnis schriftlich fest. Später wird sie ins Protokoll schreiben: »Wunsch: Ämter für zwei Wochen vergeben. Gez. Lennart. Unterschrieben haben Malte, Jens, Florian. Lösung: Wir machen es. 15 dafür, 7 dagegen, 3 Enthaltungen.«

Daria stupst ihre Nachbarin Lisa an und weist auf die Uhr. Mit einem Blick auf die Zeit bemerkt Lisa: »Wir müssen uns jetzt etwas beeilen. Hier stehen nämlich noch zwei Sachen bei ›Ich kritisiere‹, und wir haben nur noch zwanzig Minuten.«

Dann zitiert sie den ersten Kritikpunkt, bittet diejenige, die den Punkt angeschrieben hat, darum, ihre Kritik zu erläutern, und erteilt dann dem Kritisierten das Wort, der nun seine Sichtweise darstellt. Anschließend haben die Mitschüler/innen die Möglichkeit, sich einzubringen. Lisa behält während des Gesprächs die Uhr im Blick und achtet darauf, dass am Ende jedes Konfliktgesprächs eine Lösung steht, die im Protokoll festgehalten wird. Welche Probleme sind heute Thema?

»Daria hat uns voll geschlagen.«

»... dass Daria uns voll geschlagen hat. Gezeichnet Timon, unterschrieben haben Lennart und Florian.« Im Verlauf des Gesprächs wird der Hintergrund deutlich: Um in den kleinen Pausen nicht allzu sehr in der Klasse oder auf dem Gang herumzutoben – beides ist laut Schulordnung verboten –, hat die Klasse sich sinnvolle kurze Spiele für diese fünf Minuten überlegt. Dazu gehört Galgenraten an der Tafel. In letzter Zeit wurde das Spiel häufig gestört, indem einige Jungen die Lösung einfach in den Raum riefen. Dies hat Daria, die an der Tafel stand und ihren Begriff erraten ließ, so geärgert, dass sie den entsprechenden Jungen gegenüber handgreiflich geworden ist.

Während der Diskussion verschieben sich die Rollen, viele Mitschüler/innen entwickeln Verständnis für Darias Verhalten. Nicht mehr Daria, sondern die »Reinrufer« müssen sich nun der Kritik stellen. Darüber hinaus wird als Motiv der Jungen verständlich, dass sie sich beim Galgenraten langweilten – das Spiel werde schon seit zu langer Zeit gespielt. Welche Lösung finden die Kinder? Im Protokoll ist zu lesen: »Wir überlegen, dass man nicht mehr Galgenraten spielt und dass man, wenn man es spielt, dann ohne Reinrufen.«

Aus Kritisierenden werden Kritisierte

Nächster Kritikpunkt: Lara kritisiert, »... dass Batuhan einen immer einschließt«. Fünf Mädchen haben unterschrieben. Was ist passiert? Wieder zeigt sich, wie gut es ist, sich Zeit für das Klären von Konflikten zu nehmen. Zunächst bekommt Lara die Möglichkeit, ihr Anliegen zu erläutern. Zusammen mit ihrer Freundin wurde sie am vergangenen Dienstagmittag von Batuhan in der Klasse eingeschlossen – obwohl sie als Fegedienst noch bei der Arbeit waren.

»O Mann, ihr trödelt auch immer so!«, beschwert sich Batuhan. »Und du darfst uns nicht einschließen!«, halten die Mädchen lautstark dagegen. Plötzlich weint Batuhan. Er ist ein sehr gewissenhafter Junge. Als Inhaber des Schlüsseldienstes hat er gemeinsam mit Florian die Aufgabe, die Klassentür zu Beginn des Unterrichts auf- und am Ende wieder abzuschließen. Die beiden Jungen mussten dem Hausmeister versprechen, den Schlüssel nicht weiterzugeben.

Batuhans Erzählung ist ungeordnet, immer wieder kommen Tränen, nur langsam verstehen wir: Am Dienstag musste er nach Unterrichtsschluss nicht nur die Klassentür abschließen, sondern auch seinen dreijährigen Bruder vom Kindergarten abholen. Der Fegedienst hatte sich so viel Zeit gelassen, dass Batuhan zu spät zum Kindergarten kam – dieser war bereits verschlossen und der kleine Bruder wartete alleine vor der Tür. Das tat Batuhan furchtbar leid und zu Hause schimpften die Eltern.

Niemand hatte geahnt, welchem inneren Druck Batuhan ausgesetzt war. Aus Ärger wird Mitgefühl. Alle sind sich einig, dass so etwas nicht noch einmal passieren darf. Die Lösung, die gefunden wird, ist denkbar einfach: »Wenn Batuhan seinen Bruder abholen muss, macht Florian Schlüsseldienst.«

Ende des Klassenrats

Die Probleme sind besprochen, die Stunde ist vorbei und Lara setzt den offiziellen Schluss: »Hiermit beende ich den Klassenrat.« Daraufhin springen die Kinder auf, rücken ihre Stühle zurück und stellen die Tische wieder an ihren Platz. Lisa gibt die Zettel der Wandzeitung an Lara weiter. Am Montag wird Lara das Klassentagebuch wieder mitbringen, ergänzt um ihr Protokoll der heutigen Sitzung. Florian hängt neue Zettel an die Wandzeitung.

2.2 Grundzüge des Klassenrats – eine Skizze

Klassenrat ist für die Kinder weit mehr als eine (fach-)unterrichtsfreie Stunde. In der rekonstruierten Klassenratssitzung wird dies schon daran deutlich, dass sie die Klasse eigenständig umbauen und mit dem Gongschlag zur Stunde beginnen. Sie haben keine Zeit zu verschenken, denn es gibt viel zu besprechen. Die Lehrerin scheinen sie nicht zu benötigen.

Klassenrat ist zunächst und vor allem eine Stunde der Kinder. Keine Wunsch- oder Freistunde, sondern eine Stunde, in der eine Klasse die Angelegenheiten klären kann, die für die Schüler/innen von Belang sind.

Sie bestimmen die Themen, sie planen Vorhaben, die sie durchführen möchten (»Ich wünsche«), sie werden angeregt, einander aufmerksam wahrzunehmen und positives Verhalten von Mitschüler/innen zu würdigen (»Ich lobe«) und sie bearbeiten Probleme, die im sozialen Umgang miteinander auftreten (»Ich kritisiere«).

»Den Kindern das Wort geben« nennt dies Célestin Freinet, der »Erfinder« des Klassenrats. Ist das denn so einfach?

Natürlich nicht. Der Bericht vom Klassenrat ist eine vereinfachte Darstellung der Realität. Einiges wurde ausgespart, vor allem das »Randgeschehen« wie Nebengespräche, die Schüler/innen abseits der offiziellen Diskussion führen. Wie mit ihnen umzugehen ist, diese Frage gehört zu den Problemen, für die im Klassenrat ein Regelwerk erarbeitet werden muss (vgl. Kapitel 3.5 und 9.2).

Aber auch das offizielle Geschehen stellt seine Anforderungen an die Beteiligten. Man denke allein an die Aufgaben der Klassenratsleitung – sie muss

- das Gespräch strukturieren,
- gerecht drannehmen,
- erkennen, wann der rechte Zeitpunkt ist, um von der Erörterung einer Frage zur Lösungsfindung überzugehen,
- für Ruhe sorgen.

Von den Protokollant/innen wird erwartet, dass sie sich während der Sitzung aussagekräftige Stichworte machen, anhand derer es ihnen später gelingt, inhaltlich zutreffende Protokolle anzufertigen.

Neben denjenigen, die besondere Rollen innehaben, tragen auch alle anderen Kinder die Verantwortung für ein Gelingen des Klassenrats. Klassenrat funktioniert nur dann gut, wenn alle Kinder lernen,

- einander zuzuhören,
- sich in andere hineinzuversetzen,
- sich um Sachlichkeit zu bemühen,
- Interesse an der Sichtweise der anderen zu entwickeln,
- tolerant zu sein.

Ich wünsche,
… dass Marian nicht mehr an diesem Tisch sitzt.
gez. Paula, unterschrieben Laura, Steffi, Patti

Lösung: Dass Paula zu Marian sagt: »Sei bitte mal leise!«
(aus dem Protokoll einer 5. Klasse)

⇨ S. 33–35

Schließlich die Lehrer/innen. Sie müssen sich in eine neue Rolle einfinden und diese aushalten – im Klassenrat sollten sie sich so weit wie möglich zurückhalten. Ein gutes Maß zu finden für Freiräume, die Lehrende den Schüler/innen geben können, ohne die mit dem Klassenrat verbundenen pädagogischen Anliegen aus dem Blick zu verlieren, ist schwierig.

Klassenrat stellt also eine Reihe von Anforderungen an Kinder und die beteiligten Lehrer/innen, deshalb muss er

- gründlich vorbereitet,
- mit Bedacht eingeführt und
- aufmerksam begleitet werden.

3. Wesentliche Elemente des Klassenrats

3.1 Einen Rahmen schaffen: Raum und Zeit

Klassenrat, verstanden als Ritual, lebt davon, dass bestimmte Elemente regelmäßig wiederkehren und damit einen verlässlichen Rahmen schaffen für das Wagnis, dem sich Schüler/innen wie Lehrer/innen in jeder Sitzung von Neuem stellen.

Verlässlichkeit durch Wiederholung – zunächst ist hier an die Rahmenbedingungen zu denken: eine spezifische räumliche Konstellation, eine feste, dem Klassenrat vorbehaltene Zeit. Beides macht den Beteiligten, losgelöst von Inhalten, deutlich: Die Klasse wechselt quasi den Modus – vom Fachunterricht zum Klassenrat.

3.1.1 Raum

An der Laborschule Bielefeld hat man es gut, denn für Versammlungen hat jede Stammgruppe ihren eigenen Platz – räumlich getrennt von der Fläche, auf der Fachunterricht stattfindet, mit Teppich ausgelegt und relativ eng. Im Kreis sitzen Schüler/innen und Lehrer/in auf dem Boden nebeneinander.

Diesen »Luxus« kennen Regelschulen nicht. Aber hinter der architektonischen Besonderheit der Laborschule vermute ich eine Überlegung, die übertragbar ist: Wenn sich die Gruppe versammelt, um ihre ureigensten Belange zu beraten, dann soll die Ansammlung einzelner Personen auch auf symbolischer Ebene als Gemeinschaft erlebbar sein – der Kreis wird seit jeher als Ausdruck von Zusammengehörigkeit verstanden.

> Der Gedanke der egalitären Gemeinschaft und Verbundenheit kann in der Figur des Kreises besonders gut symbolisiert werden, weil es im Kreis kein ›Oben‹ und kein ›Unten‹ gibt. Die kreisförmige Anordnung einer Menschengruppe um ein Zentrum sichert allen Teilnehmern eine gleichwertige Position. Die Mitglieder handeln von Angesicht zu Angesicht auf gleicher Ebene.
>
> (Heinzel 2001, S. 9 f.)

Hinzu kommt: Wenn die Schüler/innen nicht hinter ihren Tischen sitzen, nicht von Taschen, Heften, Büchern und Stiften umgeben sind, fällt es leichter, sich nicht abzulenken, sondern auf das eigentliche Geschehen einzulassen und zu konzentrieren. Beobachten lässt sich, dass die Beteiligung im Sitzkreis besonders hoch ist.

Nun ist es keine leichte Aufgabe, in meist zu kleinen Klassenräumen für zu große Klassen einen Sitzkreis zu errichten, der diese Bezeichnung verdient, der also rund ist und gewährleistet, dass jeder jeden sehen kann. Die Argumente für den Sitzkreis sind jedoch von solchem Gewicht, dass man sich die Mühe zumuten sollte.

Hilfreich ist es, vor der Einführung des Klassenrats gemeinsam mit den Schüler/innen auszuprobieren, wie sich mit möglichst wenig Aufwand ein Sitzkreis einrichten lässt.

Bei jüngeren Schüler/innen lässt sich der Umbau des Klassenzimmers spielerisch gestalten, indem die Zeit gestoppt wird. Zwei Kinder werden als Zeitwächter bestimmt, die die benötigte Zeit stoppen und notieren. Sind wir schneller als die Nachbarklasse? Können wir unsere Zeit vom letzten Mal toppen?

Übung

Sitzkreis bauen

- *Aufgabe:* »Baut Tische und Stühle so um, dass ein Sitzkreis entsteht, in dem alle bequem sitzen können und jede/r jede/n sieht!«
- *Bedingung:* Es darf kein Tisch oder Stuhl umfallen, kein Kind darf verletzt werden. Die Zeitwächter notieren die genaue Zeit!
- Die Zeitwächter geben die benötigte Zeit bekannt und notieren diese gut sichtbar an der Tafel.
- *Reflexion:* Was hat gut geklappt? Was könnte optimiert werden? Geht der Umbau noch schneller?
- Wiederherstellen der »alten« Sitzordnung.
- *Aufgabe:* »Baut noch einmal die Sitzordnung zu einem Sitzkreis um, in dem alle bequem sitzen können und jede/r jede/n sieht! Berücksichtigt die Überlegungen, die ihr eben gemacht habt.«
- Wieder wird die Zeit gestoppt, notiert und mit dem Ergebnis der ersten Runde verglichen.

3.1.2 Zeit

Klassenrat bedeutet für Kinder unter anderem, sich damit abfinden zu müssen, dass ihr Anliegen nicht sofort, sondern erst mit zeitlicher Verzögerung zum Thema wird. Was aufseiten der Lehrenden als Entlastung des Fachunterrichts begrüßt wird, bedeutet für Kinder, Frustrationstoleranz zu üben. Für sie ist es wichtig, verlässlich zu wissen, wann ihr Thema »dran« sein wird.

Wie oft sollte man Klassenrat machen?

Zumindest bis Klasse 7 sollte Klassenrat regelmäßig einmal pro Woche durchgeführt werden, denn

- die Bereitschaft, Konflikte mit zeitlicher Verzögerung auszutragen, ist abhängig davon, dass das aktuelle Problem in absehbarer zeitlicher Nähe zum Ereignis bearbeitet wird,
- die Entwicklung einer angemessenen Gesprächskultur benötigt Zeit – insbesondere die anspruchsvolle Aufgabe der Diskussionsleitung bedarf regelmäßiger Übung,
- in aller Regel gibt es Gesprächsbedarf – und kleinere Konflikte werden, wenn sie aufgrund mangelnder Zeit nicht geklärt werden können, häufig zu handfesten Problemen.

Welcher Zeitpunkt in der Woche eignet sich für den Klassenrat?

Es sollte für den Klassenrat einen festen Platz in der Woche geben. Häufig wird die letzte Stunde freitags gewählt. Dieser Zeitpunkt ist vor allem deshalb sinnvoll, weil ein wesentlicher Bestandteil des Klassenrats in der Klärung von Konflikten besteht. Es ist gut, wenn diese Konflikte vor dem Wochenende besprochen werden – dann kann man »den Ärger in der Schule lassen« und unbelastet von Konflikten, die das Zusammenleben erschweren, ins Wochenende gehen.

Auch gruppendynamisch macht der Zeitpunkt Sinn. Am Schlusspunkt der Woche nimmt sich die Klasse in besonderer Weise als Gruppe wahr, erkennbar an der symbolisch aussagekräftigen Form des Kreises. So steht, an der Schwelle zwischen schulischer und familiärer Welt, nicht Fachunterricht, sondern das soziale Miteinander im Zentrum, Schüler/innen und Klassenlehrer/in laufen nicht wie zufällig auseinander, sondern kommen gemeinsam zur Ruhe und besinnen sich auf die Gemeinschaft.

Denkbar ist es, der Wahl dieses Zeitpunktes zu entsprechen, indem am Beginn des Klassenrats in Form eines Blitzlichtes eine Art Bilanz der Woche gezogen wird (vgl. dazu auch den Beginn mit einer »positiven Runde« als Alternative).

⇨ S. 36 f.

Im Idealfall liegt der Klassenrat aller Klassen parallel. Dies erleichtert es, bei Konflikten mit Schüler/innen aus Parallelklassen eine Delegation der Nachbarklasse in den eigenen Klassenrat einzuladen oder Vertreter/innen der eigenen Klasse in den Klassenrat einer anderen Klasse zu entsenden. Ferner sind in diesem Fall klassenübergreifende Versammlungen, beispielsweise zur Planung gemeinsamer Aktivitäten, organisatorisch unaufwändig.

Alternative 1

Jede Klasse wählt ihren individuellen Zeitpunkt

Es gibt berechtigte Gründe, die der Wahl des späten Freitagvormittags entgegenstehen können, etwa, wenn die Klassenlehrerin bzw. der Klassenlehrer zu diesem Zeitpunkt aus stundenplantechnischen Gründen nicht in der eigenen Klasse unterrichten kann oder die Konzentrationsfähigkeit der Klasse am Ende der Schulwoche zu stark beeinträchtigt ist – dann kann es eine Zumutung für Schüler/innen sein, eine Diskussion leiten zu müssen. In diesen Fällen wäre ein anderer Termin zu wählen – dann aber fest als Klassenratsstunde im Stundenplan verankert!

Alternative 2

Klassenrat als Eröffnung der Woche

Eine auch inhaltlich abweichende Möglichkeit praktiziert die Laborschule Bielefeld. Hier kommt die Stammgruppe in der ersten Stunde einer Woche im Sitzkreis zusammen. Mit der zeitlichen Platzierung am Wochenanfang korrespondiert eine Abweichung hinsichtlich der inhaltlichen Gestaltung. In diesem Fall gehört das Erzählen vom Wochenende wesentlich dazu, auch ein Ausblick auf die kommende Schulwoche. Diese Stunde wird nicht Klassenrat, sondern »Versammlung« genannt, weist jedoch deutliche Parallelen zum Klassenrat auf (genauer Friedrichs 2000, S. 39–47).

3.2 Klassenrat vorbereiten: Die Wandzeitung

Im Verlauf der Woche wird der Klassenrat vorbereitet. Auf einer Wandzeitung werden Themen gesammelt, die Schüler/innen oder auch Lehrer/innen im Rahmen des nächsten Klassenrats besprechen möchten.

Als Wandzeitung eignet sich ein farbiger Tonkarton im DIN-A1-Format. Auf diesem Karton steht als Überschrift »Wandzeitung«, darunter stehen drei Rubriken, die jeweils mit einem Thema versehen sind: »Ich lobe …«, »Ich kritisiere …«, »Ich wünsche …«. Unter diesen drei Themen wird jeweils ein DIN-A4-Blatt so befestigt, dass es sich vor dem Klassenrat einfach lösen und durch einen neuen Zettel ersetzen lässt.

Tragen Kinder auf der Wandzeitung ein Anliegen ein, dann müssen sie dieses mit dem eigenen Namen unterzeichnen. Für den Gesprächsverlauf im Klassenrat ist es wichtig zu wissen, wer ein Thema angeschrieben hat; außerdem sollen die Kinder lernen, zu ihren eigenen Anliegen zu stehen. Möchte jemand den Eintrag eines anderen unterstützen, dann kann er zusätzlich unterschreiben.

Üblich ist das Unterzeichnen des eigenen Beitrags mit dem Zusatz »gez.« für »gezeichnet«. Das sieht dann beispielsweise so aus:

> Ich kritisiere,
>
> … dass einige Schüler unserer Klasse beim Wasserholen so sehr herumspritzen, dass meine Schultasche (der Boden auch) ganz nass wird.
>
> gez. Lisa
> Sandra, Franzi, Clara

Deutlich wird: Lisa möchte das Problem in den nächsten Klassenrat einbringen, sie ist »Beschwerdeführerin«; Sandra, Franzi und Clara halten die Kritik für berechtigt und unterstützen sie deshalb mit ihrer Unterschrift.

Bereits Freinet benutzte eine Wandzeitung (»Journal mural«). In seinen Klassen wurde die Wandzeitung nicht nur für Lob, Kritik und Wünsche genutzt, sondern darüber hinaus zur Dokumentation wichtiger, das Gemeinschaftsleben in der zurückliegenden Woche betreffender Ereignisse.

Und wenn die Zeit zur Behandlung der Wandzeitungsthemen nicht reicht?

Gelegentlich kommt es vor, dass auf der Wandzeitung mehr Themen stehen, als in einer Schulstunde behandelt werden können. Dennoch sollte Klassenrat nur in Ausnahmefällen über den vorgegebenen Rahmen einer Schulstunde hinaus ausgeweitet werden – auch Zeitmanagement will gelernt werden.

Wenn aber absehbar ist, dass die Zeit nicht für jedes Anliegen reichen wird – in welcher Reihenfolge sollen dann die Themen der Wandzeitung behandelt werden? Soll die Klassenratsleitung, möglicherweise beraten durch eine Lehrerin oder einen Lehrer, die Tagesordnung festlegen? Wird zu Beginn des Klassenrats im Klassenverband darüber abgestimmt? Werden die Themen in der Reihenfolge, in der sie auf der Wandzeitung zu finden sind, besprochen?

Ich empfehle letztere Möglichkeit, weil dies für Minderheiten ein höchstmögliches Maß an Gleichberechtigung gewährleistet. Wer mag darüber befinden, wie bedeutsam ein Problem, das offensichtlich nur ein oder zwei Schüler/innen betrifft, für diese ist? Anliegen, die nicht besprochen werden konnten, werden auf die neue Wandzeitung übertragen. Beim nächsten Klassenrat stehen sie dann ganz oben auf der Tagesordnung.

Ein weiterer Diskussionspunkt ist die Frage des öffentlichen Aushangs von Klassenratsthemen. Manchmal wird es als problematisch eingeschätzt, wenn kritische Äußerungen für alle, auch Fachlehrer/innen und Schüler/innen anderer Klassen, sichtbar aushängen. Deshalb macht folgende Regel Sinn: Bei »Ich kritisiere« nennen wir auf der Wandzeitung keine Namen. Beispiel: »Ich kritisiere, dass mich einige schubsen.« Im Klassenrat sprechen wir dann offen über das Problem.

Für die Form der Wandzeitung spricht, dass die Themen des nächsten Klassenrats allen Klassenmitgliedern bekannt sind und diese sich darauf einstellen können. Außerdem scheint die Transparenz Schüler/innen dazu anzuhalten, Kritik sachlich zu formulieren – sachlicher als dies bei Verfahren »geheimer Äußerungen« (zum Beispiel Beschwerdebriefkasten) der Fall ist. Aber es gibt auch gute Alternativen:

KV 5
⇨ S. 128

Klassenratsbuch

Das »Klassenratsbuch« ist ein Buch im Format DIN-A4, das einen festen Platz im Klassenraum/im Klassenschrank hat.

Damit es nicht nur als »Beschwerdebuch« genutzt wird, können je zwei gegenüberliegende Seiten durch Überschriften so vorbereitet werden, dass alle drei thematischen Bereiche sichtbar sind:

Ich kritisiere …	Ich lobe …
	Ich wünsche …

Klassenratskasten

Der Klassenratskasten entspricht dem Bedürfnis vieler Schüler/innen nach Geheimhaltung. Hilfreich ist ein Formular, das in ausreichender Stückzahl im Klassenraum ausgelegt wird:

Mein Anliegen für den nächsten Klassenrat

❑ Ich lobe … ❑ Ich kritisiere … ❑ Ich wünsche …

____________, weil ____________

____________________________.

Datum, Uhrzeit ____________ Unterschrift ____________

3.3 Rollen neu definieren: Klassenrat als Inversionsritual

Klassenrat ist der Form nach ein Inversionsritual, also ein Ritual, in dem die im Alltag geltenden Hierarchien umgekehrt werden. Das bedeutet hier: Die Leitung liegt in der Hand von Schüler/innen, die Themen werden weitgehend durch Schüler/innen eingebracht.

3.3.1 Die Klassenratsleitung

Die Leitung des Klassenrats ist eine anspruchsvolle Aufgabe: Die Stunde muss strukturiert werden, das Gespräch umsichtig geleitet, Meldungen sind gerecht zu berücksichtigen, eine ruhige Gesprächsatmosphäre ist herzustellen. Bei alldem darf man die Zeit nicht aus dem Blick verlieren – eine Stunde hat nur 45 Minuten, Themen gibt es in der Regel mehr als ausreichend.

Worauf hat die Gesprächsleitung im Klassenrat zu achten?

- Werden die Gesprächsregeln eingehalten?
- Werden die unterschiedlichen Standpunkte hinreichend verständlich?
- Wie viel Zeit darf auf die Behandlung eines Punktes verwandt werden?
- Werden neue Aspekte eingebracht oder dreht sich die Diskussion im Kreis?
- Wann ist es Zeit, eine neue Phase einzuleiten, etwa nach Lösungsansätzen zu fragen?
- Akzeptieren die Konfliktpartner die abgesprochene Lösung?

Die Vielfalt der Aufgaben kann ein einzelnes Kind überfordern. Deshalb ist zu überlegen, ob man der bzw. dem Vorsitzenden eine Assistentin oder einen Assistenten zur Seite stellt. Diese/r bekommt bestimmte Aufgaben zugewiesen, um die bzw. den Vorsitzende/n zu entlasten: das Verlesen des Protokolls, das Führen der Redner/innenliste, möglicherweise auch das »Drannehmen«. Dann kann sich die bzw. der Vorsitzende auf den Gesprächsverlauf konzentrieren.

Variante

Aufteilen der Leitungsaufgaben auf mehrere Kinder

Ich persönlich bevorzuge es, die mit der Klassenratsleitung verbundenen Aufgaben auf mehr als zwei Kinder zu übertragen, um die Arbeit zu erleichtern und vielen Schüler/innen Verantwortung zu übertragen. Neben der bzw. dem Vorsitzenden und einer Assistentin bzw. einem Assistenten kann es folgende Ämter geben:

- Ein/e **Protokoll-Verleser/in** liest am Beginn des Klassenrats das Protokoll der letzten Sitzung vor und fragt, ob die Absprachen geklappt haben.

zu den Regeln siehe S. 37

- Zwei **Regelwächter/innen** achten darauf, dass die abgesprochenen Regeln beachtet werden, und melden sich, wenn eine Regel nicht eingehalten wird (etwa die Regel der direkten Anrede). Die »Regelwächter« melden sich in diesem Fall mit beiden Händen und sind sofort dranzunehmen. Wichtig ist, die Regelwächter/innen nicht zu überfordern. Insbesondere im Grundschulalter sollten sie eine überschaubare Auswahl von Regeln in die Hand bekommen (schriftlich!), auf deren Einhaltung sie zu achten haben. Wenn es gehäuft zu Regelverstößen kommt, hat dies zu häufige Unterbrechungen durch die Regelwächter/innen zur Folge, das stört. In diesem Fall sollte die Klasse im Klassenrat nach einer Lösung suchen.
- Ein/e **Zeitwächter/in** achtet darauf, dass sorgsam mit der Zeit umgegangen wird, Diskussionen nicht unnötig in die Länge gezogen werden und das Stundenende im Blick bleibt. Die Zeitwächterin bzw. der Zeitwächter erinnert ab und zu an die noch zur Verfügung stehende Zeit: »Wir haben jetzt noch 20 Minuten und noch drei offene Punkte.«

KV 7a–f

⇨ S. 135–140

KV 8a–f

⇨ S. 141–145

In den KV 7a–8e finden sich Vorlagen für Schilder mit Symbolen und Hinweisen für die Ämter im Klassenrat. Die KV 7a–7f eignen sich für die *Grundschule*, KV 8a–8e für die Sekundarstufe. Die Vorlage wird auf Tonpapier kopiert und in der Mitte geknickt. Das Ämterschild wird vor das Kind gestellt, das das jeweilige Klassenratsamt gerade innehat. Dies verhilft zu mehr Überblick (Wer ist heute Zeitwächter/in?) und Identifikation mit der Rolle (alle sehen, dass ich heute für die Regeleinhaltung zuständig bin), und es stärkt das Selbstbewusstsein der Kinder. Die Ämterschilder für ältere Schüler/innen enthalten auf der dem Schüler zugewandten Seite Informationen, die das Eindenken in die jeweilige Rolle erleichtern.

In der Regel werden die Leitungsämter nach dem Prinzip der Rotation vergeben. Meine Empfehlung ist, dies auf freiwilliger Basis zu tun.

Insbesondere die Klassenratsleitung ist eine so anspruchsvolle Aufgabe, dass nicht jede/r sich dazu in der Lage fühlt. Andererseits ist das Amt in den meisten Klassen so begehrt, dass es kaum an Freiwilligen mangeln wird.

Das Rotationsprinzip gewährleistet, dass jede und jeder die Chance erhält, sich in der Rolle der Gesprächsleitung zu üben. Dies ist mit einem erheblichen Kompetenzerwerb verbunden. Der Klassenrat als Übungsfeld für die Leitung von Diskussionen überzeugt deshalb, weil es hier um Themen geht, die Schüler/innen unmittelbar betreffen.

Damit Klassenratsleiter/in und Assistent/in harmonisch zusammenarbeiten können, sollte die/der Vorsitzende wählen können, wer assistiert.

Alternative

Nur ausgewählte Kinder leiten den Klassenrat

Die Offene Schule Kassel-Waldau hat sich entschieden, die Aufgabe der Klassenratsleitung an das Amt der Klassensprecher/innen zu binden. Viele Schüler/innen ihrer Schule seien durch die Leitungsaufgabe überfordert, so wird argumentiert, die Klassensprecher/innen hingegen brächten in der Regel bereits kommunikative und soziale Kompetenzen mit. Außerdem sei dies eine Möglichkeit, die Bedeutung von Klassensprecher/innen zu stärken.

Eva und Hans-Joachim Blum, die über langjährige Erfahrungen mit Fortbildungen zum Klassenrat verfügen, favorisieren das Modell, spezielle »Klassenratsmoderator/innen« auszubilden, die dann die Leitung des Klassenrats in ihrer Klasse übernehmen (vgl. Blum/Blum 2006, S. 68–80; hier findet sich auch ein Trainingsprogramm für Klassenratsmoderator/innen).

Deutlich wird, dass es sich beim Klassenrat um ein gegenüber dem Fachunterricht neues und wichtiges Lernfeld handelt, eine Art Einweisung in Gremienarbeit. Doch nicht nur die Schüler/innen erwerben hier neue Kompetenzen, auch für Lehrende stellt der Klassenrat ein Lernfeld dar.

3.3.2 Die Rolle der Lehrer/innen

Freinet sieht vor, dass die bzw. der Vorsitzende hinter dem Schreibtisch des Lehrers Platz nimmt. »Sein Sekretär steht neben ihm. Alle Schüler sitzen frei nach Belieben in der Klasse, die zu einem Versammlungsraum geworden ist. Der Lehrer hat sich bescheiden im Hintergrund der Klasse hingesetzt« (Freinet 1979, S. 75, siehe Kapitel 5.2.2). ⇨ S. 55

Versammelt sich heutzutage eine Klasse im Sitzkreis, dann sitzt die Lehrerin bzw. der Lehrer mit in diesem Kreis. Von der ihnen im Fachunterricht zukommenden Leitungsaufgabe entbunden, werden Lehrer/innen im Klassenrat zu »normalen« Gesprächsteilnehmer/innen. Das bedeutet konkret:

- Wenn Lehrende ein Thema einbringen möchten, müssen sie dies an die Wandzeitung schreiben. Um der eigenen Glaubwürdigkeit willen sollten sie sich davor hüten, hier Sonderrechte in Anspruch zu nehmen, indem sie ein aktuelles Anliegen jenseits der Tagesordnung »einfach so« ansprechen.
- Die Rednerliste gilt auch für Lehrende. Dies umzusetzen ist schwerer, als man auf den ersten Blick meinen könnte. Sobald Lehrende sich melden, scheint bei vielen Schüler/innen eine Art Zwang zu greifen, diese schnellstmöglich dranzunehmen.

Bei den meisten Schüler/innen ist als Bild fest verankert, die Lehrenden seien zuständig für das Funktionieren des Unterrichts, sie seien Wächter über die im schulischen Rahmen geltenden Verhaltensregeln.

Im Interview schildert Timo, dass Lehrer/innen, die sich melden, meist sofort drangenommen würden. Liegt das an den Lehrer/innen

> oder den Schüler/innen? »An den Schülern, weil man kann ja nicht sagen zu den Lehrern: ›Du bist nicht dran!‹ oder so. […] Es geht irgendwie nicht. […] Man hat ja das Recht dazu, [die Lehrer/innen nach Rednerliste aufzurufen], man kann das ja auch machen, und die Lehrer sagen das ja auch, sagen dann ja auch nichts, aber das ist irgendwie komisch. Man traut sich das nicht.«
>
> (Friedrichs 2004b, S. 92)

Wie gehe ich als Lehrer/in damit um, wenn mir bevorzugt das Wort erteilt wird? Ich erinnere die Gesprächsleitung freundlich daran, wer sich vor mir gemeldet hat, und warte mit meinem Beitrag, bis ich »rechtmäßig« an der Reihe bin.

⇨ S. 20

Habe ich tatsächlich ein dringliches Anliegen, dann bezieht sich dies in aller Regel auf die Gesprächsführung, etwa weil die Zeit aus dem Blick zu geraten scheint oder die Diskussion sich im Kreis dreht. Dann habe ich – wie jede/r andere auch – die Möglichkeit, mich mit beiden Händen zu melden. Wer dieses Signal »Ich habe etwas zur Geschäftsordnung zu sagen« sendet, ist sofort aufzurufen.

Lehrende nehmen im Klassenrat die Rolle »normaler Teilnehmer/innen« ein und sind dennoch auch anders. Sie verfügen über wesentliche Erfahrungen in Gesprächsführung und stehen auf einer höheren moralischen Entwicklungsstufe (nach Lawrence Kohlberg, vgl. Schreiner 1983) als ihre Schüler/innen. Sie tragen Verantwortung dafür, dass der Umgang der Schüler/innen untereinander wie auch Entscheidungen, die im Klassenrat getroffen werden, dem ethischen Anspruch auf Menschlichkeit entsprechen – Kooperation als formale Struktur allein genügt nicht!

> »Ich sehe nichts Moralisches an der Kooperation«, sagte ein Pädagoge, der meinen Ausführungen über kooperative Klassenzimmer und Schulen zugehört hatte, »zwei Menschen können kooperieren, die Reifen meines Autos zu zerschneiden oder mich umzubringen.« […] Es ist ganz klar, dass Kooperation, um gut zu sein, ein gutes oder gerechtes Ziel haben muss. In diesem Sinne reguliert das Gerechtigkeitsprinzip die Kooperation und verleiht ihr moralische Bedeutung.
>
> (Lickona 1983, S. 207)

Jeder Lehrer/in muss für sich herausfinden, in welchem Maße sie/er sich im Klassenrat mit eigenen Lösungsvorschlägen oder Impulsen zur Gesprächsführung einbringen möchte. Meine Erfahrung ist, dass Kinder oft auf gute Lösungen kommen, die mir nicht eingefallen wären.
Klassenrat stellt insofern ein Lernfeld für Lehrer/innen dar, als diese ihr eigenes Rollenverständnis klären müssen – in der Spannung zwischen

dem traditionellen Lehrerbild und einem neuen Bild, das dem basisdemokratischen Modell des Klassenrats angemessen ist.

> Ich kritisiere,
> … dass die Jungs den Mädchen nie den Ball geben.
>
> gez. Sabine
>
> Lösung: Die Jungs bringen den Mädchen Fußball bei.
>
> (aus dem Protokoll einer 5. Klasse)

3.4 Struktur geben: Der Ablauf

Die Leitung des Klassenrats ist eine anspruchsvolle Aufgabe, die dadurch erleichtert wird, dass eine klare Struktur vorgegeben ist.

> **Klassenrat als Ritual – Struktur gibt Sicherheit**
>
> Der Ablauf des Klassenrats ist immer gleich. Um die Vorsitzenden zu entlasten, bekommen sie den Ablauf in die Hand.
>
> - *Grundschule:* KV 1 ist für die Grundschule gedacht. Die Symbole (Igel) unterstützen die verbalen »Anweisungen«. Sinnvoll ist es, diese Symbole in der entsprechenden Reihenfolge an die Wand zu hängen – so können alle verfolgen, in welcher Phase des Klassenrats sie sich gerade befinden (KV 6a–f).
> - *Sek. I:* KV 2 richtet sich an selbstständige Kinder, die frühzeitig die Klassenratsleitung übernehmen. Die ausführliche Beschreibung dient der Vorbereitung auf die Gesprächsleitung. Die Kurzfassung (KV 3) eignet sich als »Gedächtnisstütze« während des Klassenrats.
> - ab Klasse 8: KV 4 leitet an zu einer anspruchsvollen Form der Klassenratsleitung.

KV 1 S. 123
KV 6a–f S. 129–134
KV 2 S. 124 f.
KV 3 S. 126
KV 4 S. 127

»Gerahmt« wird die Sitzung durch eine ritualisierte Begrüßung und Beendigung. Die formelhafte Sprachgebung prägt sich bei den Schüler/innen ein und wirkt als performativer Sprechakt wie ein Signal. Innerhalb dieses Rahmens sind vier Phasen zu unterscheiden.

1. Bericht aus der SV

Die Schülervertretung (SV) bzw. der Schülerrat (SR) ist *das* Gremium, in dem die Klassensprecher/innen Anliegen ihrer Mitschüler/innen auf Schulebene verhandeln. Damit Klassensprecher/innen dies verantwortlich tun können, brauchen sie die Diskussion in der Klasse: Gibt es etwas, was wir als Klassensprecher/innen in der SV vorbringen sollen? Wie sollen wir bei bestimmten Themen in der SV votieren? Diese Fragen gehören in den Klassenrat, immer vor der nächsten SV-Sitzung – und nach dieser Sitzung berichten die Klassensprecher/innen über Informationen, Diskussionen und Entscheidungen der SV.

Damit steht am Beginn des Klassenrats – sofern dieser in zeitlicher Nähe zu einer SV-Sitzung stattfindet – die Verzahnung von Partizipation auf Klassen- und Schulebene.

2. Das Verlesen des Protokolls

Das Verlesen des Protokolls dient der Erinnerung an die Absprachen der letzten Sitzung sowie der Überprüfung ihrer Tragfähigkeit: »Haben die Lösungen funktioniert?«

3. Die Vergabe von Ämtern

⇨ S. 20 f.

Nach einem im Klassenrat abgesprochenen System werden Ämter weitergegeben. Die im Erfahrungsbericht (Kapitel 2.1) vorgestellte Klasse hat sich darauf geeinigt, Ämter im Zwei-Wochen-Rhythmus zu wechseln, damit diejenigen, die ein Amt ausüben, Zeit haben, um Fehler machen und aus diesen lernen zu können.

Am Amt interessierte Kinder melden sich und werden von den bisherigen Amtsinhaber/innen gewählt nach dem Prinzip: Jungen nehmen Mädchen, Mädchen nehmen Jungen dran.

4. Die Bearbeitung der Wandzeitung

Im Zentrum des Klassenrats steht die Bearbeitung der Wandzeitung. Die über die Wandzeitung eingebrachten Themen werden nach einem vorgegebenen Schema behandelt:

!

1. Verlesen des Anliegens (durch Vorsitzende/n)
2. Verfasser/in des Themas erläutert das Anliegen; *bei Kritik:* Die bzw. der Kritisierte stellt seine Sichtweise dar.
3. Diskussion der ganzen Klasse
4. Suche nach Lösungsvorschlägen
5. Beschlussfassung (meist durch Abstimmung)

Auch wenn die inhaltliche Diskussion schwierig werden mag, so vermittelt der ritualisierte Ablauf doch Sicherheit.

Alternative

⇨ S. 58 ff.

Beginn mit der »positiven Runde«

Orientiert sich Klassenrat an der Individualpsychologie (siehe Kapitel 5.3), dann wird mit einer »positiven Runde« begonnen: In Form eines Blitzlichtes benennen die Kinder etwas, was ihnen in der zurückliegenden Woche gefallen hat. Jede Äußerung beginnt mit den Worten »Ich finde gut, dass ...«. Eine zweite positive Runde kann sich anschließen, in der einzelne Kinder weitere Erlebnisse oder Verhaltensweisen wertschätzend einbringen können. Die Diskussionsleitung kann zu einzelnen Beiträgen ein Meinungsbild erzeugen: »Wer findet das noch gut?«

> Die Kinder lernen, sich gegenseitig wahrzunehmen, einander ihre Wertschätzung zu zeigen, sich gegenseitig zu ermutigen und ihre Beziehungen zu pflegen. Die Schülerinnen und Schüler lernen darüber hinaus, über Ereignisse im Unterricht und in der Gleichaltrigengruppe nachzudenken und das, was ihnen gefällt, besonders zu betonen.
> (Kiper 1997, S. 47)

Alternative

Die Fünferkette

Viele Lehrer/innen berichten, die »positive Runde« tendiere in ihrer Klasse dazu, dass sich ähnliche Aussagen wiederholten: »Ich lobe Lisa, weil sie so nett ist«. Eine Alternative ist die Begrenzung der Beiträge: Fünf Kinder dürfen sagen, was ihnen in der zurückliegenden Woche gut gefallen hat, vielleicht dürfen auch fünf sagen, was sie nicht schön fanden.

Um das Zählen zu erleichtern, kann die Klassenratsleitung fünf rote und fünf grüne Spielfiguren in die Hand bekommen. Für jeden Beitrag wird ein Männchen auf den Tisch oder Boden gestellt. Eine andere Möglichkeit stellt die »Fünferkette« dar, bei der fünf Perlen auf ein (Leder-)Band gefädelt werden.

⇨ S. 85

3.5 Gesprächskultur entwickeln: Die Regeln

Schüler/innen sollten selbst entwickeln, welche Regeln für ihr Zusammenleben in der Klasse gelten sollen. Werden Regeln nicht vorgegeben, sondern ausgehandelt, dann führt dies aufseiten der Kinder zu größerer Identifikation mit dem geltenden Regelwerk und es veranlasst sie, über den Sinn unterschiedlicher Regeln nachzudenken. Dies gilt zumindest für die allgemein in einer Klasse – in Unterricht und Klassenleben – geltenden Regeln:

- Wenn ich etwas sagen möchte, melde ich mich – ich rufe nicht dazwischen.
- Ich höre zu und bin aufmerksam.
- Ich verhalte mich ruhig und führe keine »Seitengespräche«.
- Ich gehe respektvoll mit anderen um und beleidige niemanden.

Anders verhält es sich bei einigen spezifischen Regeln, die wichtig sind für ein gutes Gelingen des Klassenrats. Da die Form des Klassenrats für

Schüler/innen bei der Einführung dieses Gremiums neu ist, verfügen sie im Allgemeinen nicht über entsprechende Erfahrungen, die sie zur Entwicklung eigener Regeln befähigen. Deshalb sollten einige unverzichtbare Regeln vonseiten der Lehrerin bzw. des Lehrers eingebracht werden:

KV 11

⇨ S. 151

1. Ich spreche den anderen direkt an (»du«) und spreche nicht über sie oder ihn.
2. Besprochen werden nur die Themen der Wandzeitung.
3. Ein Problem, das wir im Klassenrat besprochen haben, darf nicht wieder im Zusammenhang eines späteren Konflikts »aufgewärmt« werden.
4. Wir sprechen nur über Personen, die anwesend sind.
5. Wenn ich mich über jemanden ärgere, spreche ich ihn darauf an – nur wenn das nichts nützt, kann ich meine Kritik an die Wandzeitung schreiben.

Wichtig ist es, den Schüler/innen diese Regeln nahezubringen, indem man den Sinn der jeweiligen Regel transparent macht – nur wenn sie den Sinn verstehen, ist es für sie plausibel, die Regel zu beachten. Zwei Regeln seien näher erläutert:

»Ich spreche den anderen direkt an.«

Die *direkte Anrede von »Kontrahenten«* ist für Schüler/innen meist ungewohnt und es fällt ihnen schwer, sich daran zu halten. Dennoch ist sie so wichtig, dass sie eingeübt werden sollte. Warum?

- Die Regel hilft dabei zu verhindern, dass ein Kind zum Objekt gemacht wird, über das die Klasse verhandelt. Für den Betroffenen ist es angenehmer, wenn er direkt angesprochen wird, als wenn die Mitschüler/innen *über* ihn sprechen. Auch die Haltung derjenigen, die Kritik üben, ist eine andere: Es geht darum, einer Mitschülerin oder einem Mitschüler verständlich zu machen, welche Verhaltensweise einen stört, und nicht darum, den Kritisierten vor den anderen in ein schlechtes Bild zu rücken. Mit den Worten eines Sechstklässlers: »Wenn man sagt: ›Ja, der Flori, der hat so und so gemacht‹, das ist wie Petzen« (Friedrichs 2004a, S. 136).
- Aus Lehrersicht bietet die Regel eine Chance, sich der Rolle des Richters zu verweigern, in der viele Kinder Erwachsene gerne sehen, wenn sie das Recht auf der eigenen Seite vermuten. In diesem Sinne äußert sich eine Lehrerin der Offenen Schule Kassel-Waldau: »Die Kinder neigen ja auch dazu, sich […] an die Erwachsenen zu wenden, ›Der hat mich aber …‹, ne? Dass du dann sagst: ›Pass mal auf: Da sitzt die Person‹« (Friedrichs 2001, S. 258).

Es dauert lange, bis diese Haltung für Schüler/innen selbstverständlich wird. Bei Verstößen gegen die Regel der direkten Anrede können Lehrer/innen einen kurzen »Erinnerungsimpuls« geben. Es reicht in der Regel, kurz ein »Du« einzuwerfen oder zu erinnern: »Da sitzt die Person«.

Alternative

Das Amt der Regelwächter/innen

Wenn Kinder Regeln nicht befolgen, stehen Lehrende vor einem Dilemma: Sollen sie sich zurückhalten, um die Rolle »normaler« Gesprächsteilnehmer/innen zu wahren? Dann aber wird eine wichtige Regel ignoriert. Oder erinnern sie an die Regel? Dann aber nehmen sie eine Sonderrolle ein.

Dieses Dilemma kann zumindest abgemildert werden, indem Kinder das Amt von Regelwächtern übertragen bekommen (siehe Kapitel 3.3.1). Eine der Regeln, deren Einhaltung sie aufmerksam beobachten müssen, ist die der direkten Anrede.

⇨ S. 32

KV 8e

⇨ S. 145

»Ein besprochenes Problem wird nicht wieder aufgewärmt.«

Die Regel, dass *einmal behandelte Probleme nicht später in anderem Zusammenhang wieder »aufgewärmt« werden dürfen*, zielt darauf zu verhindern, dass Schüler/innen zu stark in die Rolle von »Angeklagten« gedrängt werden. Aufgabe des Klassenrats ist es, Konflikte zu lösen, damit alle Mitglieder der Klassengemeinschaft in diese integriert werden und bleiben – deshalb sollten Probleme nicht unnötig ausgeweitet werden. Es kann nicht darum gehen nachzuweisen, wie häufig ein Kind bereits gegen geltende Regeln und Normen verstoßen hat, sondern darum, den aktuellen Konflikt zu klären und eine Lösung dafür zu entwickeln. Außerdem reagieren viele, wenn sie mit Vorwürfen überhäuft werden, damit, dass sie »dicht« machen.

3.6 Absprachen festhalten: Das Protokoll

Schon Freinet ließ in jeder Versammlung eine/n seiner Schüler/innen Protokoll führen. Das Protokollieren von Klassenratssitzungen ist aus vier Gründen wichtig:

1. Das Protokoll einer Sitzung wird am Beginn des nächsten Klassenrats benötigt – Klassenrat beginnt mit dem Verlesen des Protokolls. Ziel ist zu überprüfen, ob Verabredungen sich bewährt haben. Ist dies nicht der Fall, dann wird nach besseren Lösungen gesucht.
2. Im Klassenrat werden wichtige Beschlüsse gefasst – auf diese muss möglicherweise zu einem späteren Zeitpunkt zurückgegriffen wer-

den. Das Gedächtnis versagt hier schnell. In diesen Fällen erfüllt das Protokollbuch die Aufgabe einer unparteiischen Gedächtnisstütze.

3. Klassen bestehen in der Regel über mehrere Jahre. Sie bekommen im Laufe der Zeit eine Geschichte. Diese jedoch ist kaum greifbar. Regelmäßig angefertigte Klassenratsprotokolle ermöglichen einen Rückblick. Dabei wird auch die eigene Entwicklung sichtbar: Konflikte, die noch vor einem Jahr weltbewegend zu sein schienen, sind inzwischen kaum noch vorstellbar.

z. B.

> Während der Pause haben einige Mädchen an die Tafel gemalt. Tim, der zurzeit Tafeldienst hat, ärgerte sich darüber, deshalb hat er dies an der Wandzeitung kritisiert. Als seine Kritik im Klassenrat aufgegriffen wird, erinnern sich einige Kinder daran, dies schon einmal vor einiger Zeit besprochen und verabredet zu haben, dass sie nicht mehr an die Tafel malen wollten! Die Schüler/innen erinnern sich daran, eine Strafe beschlossen zu haben für Kinder, die sich nicht an die Absprache halten. Aber was hatte man seinerzeit verabredet?
>
> Einige Kinder sind davon überzeugt, dass man bei Verstoß gegen die Regel für zwei Wochen den Tafeldienst übernehmen müsse, andere erinnern sich, man habe »50 Cent für die Klassenkasse« beschlossen, als Wiedergutmachung für die verschwendete Kreide. Christine ist sicher: Eine glaubhafte Entschuldigung reicht. Wer hat Recht?
>
> Sofort nehmen zwei Schüler das Protokollbuch zur Hand und suchen den entsprechenden Beschluss.

4. Nicht zuletzt erwerben Schüler/innen durch das regelmäßige Führen von Protokollen eine wichtige methodische Kompetenz, die (fächerübergreifend) in höheren Klassenstufen benötigt wird. Wird das Protokoll des letzten Klassenrats zu Beginn des folgenden Klassenrats verlesen, dann hat dies für den Methodenerwerb zwei Vorteile:
   - Diskussionen und Absprachen der zurückliegenden Versammlung sind noch gut im Gedächtnis, deshalb können Ungenauigkeiten im Protokoll entdeckt und geklärt werden.
   - Gelungene Beispiele vermitteln Schüler/innen quasi »nebenbei« eine Vorstellung davon, wie Protokolle formuliert werden sollten.

KV 9
⇨ S. 146
KV 10a–d
⇨ S. 147–150

Die Kopiervorlagen (KV 7 für die Klassen 3–6, KV 8 ab Klasse 7) sind nicht als Arbeitsblätter zum Ausfüllen gedacht, sondern als Hilfe beim selbstständigen Ausformulieren eines Protokolls.[1] Deshalb sollte die Kopiervorlage den Protokollant/innen beim Verfassen des Protokolls als Formulierungshilfe vorliegen; das Protokoll jedoch wird handschriftlich

1 Lediglich die Kopiervorlage 9 kann in der Grundschule als Arbeitsblatt verwendet werden, dessen Lücken vom Protokollanten ausgefüllt werden.

ins Klassenrats- bzw. Klassentagebuch geschrieben. Auf diese Weise bekommt jedes Protokoll ein »eigenes Gesicht«.

Die Vorlage kann farbig kopiert und laminiert werden. Der jeweilige Protokollant erhält leihweise das Protokollblatt und gibt es mit dem Protokoll wieder zurück.

Einführungslehrgang »Protokollführung« für die ganze Klasse

Je nach Alter der Schüler/innen wird KV 9 (Klasse 3–6) oder KV 10a + 10b (ab Klasse 7) für jedes Kind kopiert und mit der Klasse besprochen. Vertiefend kann im Deutschunterricht ab Jahrgang 7 das Infoblatt KV 10c »Was ist ein gutes Protokoll?« mithilfe des Arbeitsblattes KV 9b bearbeitet werden.

KV 9
⇨ S. 146

Am Beispiel einer Klassenratsstunde üben die Schüler/innen die Protokollführung. Das kann praktisch so aussehen:

Während einer der ersten Klassenratssitzungen, die noch von der Klassenlehrerin bzw. dem Klassenlehrer geleitet werden, hält diese/er nach jedem Beschluss inne: »Ich mache hier mal einen Schnitt. Wie können wir diesen Beschluss im Protokoll festhalten?«

KV 10a–c
⇨ S. 147–149

Aufgabe der Kinder ist es, stichwortartig Ergebnisse zu formulieren, die von jedem zu notieren sind. Auf dieser Grundlage verfassen alle Kinder im Anschluss an die Versammlung ein Protokoll. Sie sollen sich dabei an die Form der Vorlage halten. In der kommenden Deutschstunde werden die Protokolle besprochen.

Erfahrungsgemäß macht es jüngeren Schüler/innen Spaß, ihr Protokoll ansprechend zu gestalten, indem sie es durch kleine Zeichnungen verschönern. Außerdem motiviert dies, das Protokoll übersichtlich zu gestalten und gut leserlich zu schreiben, denn es ist wichtig, dass andere den Text lesen und sich bei der Suche nach Beschlüssen rasch zurechtfinden können.

Hilfreich ist es für Protokollanten, die aktuellen Wandzeitungszettel mit nach Hause zu nehmen. Dies entlastet während des Klassenrats, weil ein genaues Mitschreiben der Gesprächsthemen nicht nötig ist – es reichen wenige Stichworte, die Protokollantin bzw. der Protokollant kann sich auf das Festhalten der Diskussionsergebnisse konzentrieren.

Die Protokolle sind gut zu verwahren, in einem Protokollbuch oder im Klassentagebuch (KV 12a).

KV 12a
⇨ S. 152

4. Themen des Klassenrats

4.1 Lob

> Die Schule hat sich zu lange darauf beschränkt, zu kontrollieren und zu kritisieren. Sie erkannte zwar den Erfolg, aber nicht die Mühe und Anstrengung der Schüler an, so dass 80 Prozent der Schüler von dem ständigen Gefühl des Versagens gehandikapt waren. Das Gute, Aufmunternde muss bei unseren Klassenversammlungen immer über dem Unzureichenden, dem Versagen und dem Schlechten stehen. (Freinet, zit. n. Jörg (1979), S. 219)

Freinet spricht in der Vergangenheitsform von einer Schule, die Schüler/innen in erster Linie ihre Unzulänglichkeit bewusst macht, wenn er seine Schule von der althergebrachten abgrenzt. Gleichwohl zeigt sich das beschriebene Phänomen bis heute: Negative Kritik gehört zum Schulalltag, Anerkennung erfahren zumindest weniger leistungsstarke Schüler/innen viel zu selten. Um stark zu werden für ein Leben in Schule und Gesellschaft, bedürfen Kinder jedoch der Ermutigung. Einen Beitrag dazu stellt die Würdigung von »Leistungen« unterschiedlichster Art dar.

Von einer »Kultur der Wertschätzung« sind die meisten Schulen noch weit entfernt, deshalb muss das Loben im Klassenrat erst gelernt werden. Die Erfahrung zeigt, dass die Spalte »Ich lobe« auf der Wandzeitung in der Regel am wenigsten genutzt wird. Hier ist das Handeln der Lehrenden gefragt: Nutzen diese die Wandzeitung, um einzelne Kinder oder auch die Klasse zu loben, dann folgen Kinder diesem Vorbild, nehmen aufmerksamer wahr, was ihre Mitschüler/innen und auch Lehrer/innen zum Wohle der Gemeinschaft tun und anerkennen dies durch Eintrag auf der Wandzeitung.

Was kann gelobt werden? Einige Beispiele aus Protokollen:

z. B.

Ich lobe

… Dilara, weil sie so ein schönes Protokoll geschrieben hat.
gez. Nora (Klasse 8)

… Herrn Otto, weil er die Lateinarbeit leichter gemacht hat.
gez. Finn (Klasse 7)

z.B.

> ... Felix, Jannik und Bercan, weil sie sich für die Klasse gemeldet haben, als Herr Meyer gefragt hat, wer gestört hat, damit nicht alle eine Strafarbeit bekommen hätten (auch wenn es nichts gebracht hat).
>
> gez. Malte (Klasse 7)
>
> ... Sandra, weil sie die Wand so schön gestaltet! Es macht den Klassenraum einfach persönlicher!
>
> gez. Franziska (Klasse 8)
>
> ... die Arbeit der Rollenspielgruppen! Vor allem die Gruppen, die unten geübt haben, haben sich viel Mühe gegeben.
>
> gez. Frau Schmidt

Wer die Aufmerksamkeit auf das richtet, was Kinder für die Gemeinschaft tun, wird viele Entdeckungen machen. Im Klassenrat werden die Einträge unter »Ich lobe« lediglich verlesen und, wenn die »Verfasser/innen« dies wünschen, von diesen kurz kommentiert. Ein weitergehendes Gespräch ist nicht nötig.

Alternative

> **Anerkennungsrunde**
>
> Am Evangelischen Mörike-Gymnasium Stuttgart tritt an die Stelle einer »Lob-Rubrik« auf der Wandzeitung eine »Anerkennungsrunde«. Diese bildet den Anfang des Klassenrats. »Jede Anerkennung beginnt mit ›Ich möchte ... (Name) meine Anerkennung dafür ausdrücken, dass sie (oder er) ... (etwas Bestimmtes) getan hat‹« (Katzenberger 2008).

4.2 Kritik

> Konflikte sind im Alltag der Schule normal. Aber keiner mag sie. Sieht man einmal von notorischen Streithammeln unter Schülern und Lehrern ab [...], dann werden Konflikte selten oder nie als Lernchance begriffen. Im Gegenteil: Je schneller ein Konflikt bereinigt (die Situation ist also ›unrein‹!) wird, desto wohler fühlt man sich.
>
> (Gudjons 1997, S. 6)

In der Regel wird die Spalte »Ich kritisiere« auf der Wandzeitung besonders rege genutzt. Es ist wichtig, dass es mit dem Klassenrat einen Raum gibt, in dem Konflikte zur Sprache kommen und bearbeitet werden können, wenn sie sich noch im Anfangsstadium befinden.

Gut ist, wenn es gelingt, den Beteiligten verständlich zu machen: Konflikte sind normal und wichtig. Menschliches Zusammenleben funktioniert nicht reibungsfrei, weil Menschen nun einmal verschieden sind. Wo Menschen zusammenkommen und über einen längeren Zeitraum miteinander auskommen wollen, da muss ausgehandelt werden, wie das gemeinsame Leben gestaltet werden soll. Und: Weil Leben nicht statisch verläuft und Menschen sich verändern – dies gilt für in der Entwicklung befindliche Kinder und Jugendliche in besonderer Weise –, ist dieser Aushandlungsprozess prinzipiell unabgeschlossen.

4.2.1 Konfliktbearbeitung – ein Modell

> Die Erziehung zum richtigen Streiten miteinander ist ebenso wichtig wie das Einmaleins. (Siebert 2003, S. 13)

Ein konstruktiver Umgang mit Konflikten ist eine anspruchsvolle Aufgabe, die erlernt werden muss. Wie aber können Konflikte bearbeitet werden? Die Schritte, die bei der Bearbeitung von Konflikten im Klassenrat zu berücksichtigen sind, ähneln denen der Streitschlichtung:

1. Konflikt identifizieren und benennen

Ein Konflikt kann nur dann bearbeitet werden, wenn er als solcher erkannt und mitgeteilt wurde. Dies geschieht – in aller Vorläufigkeit – dann, wenn jemand ein Thema auf der Wandzeitung notiert.

2. Thema klären

Im Klassenrat ist dann zunächst herauszufinden, worin genau das Problem besteht und wie es zu dem Konflikt gekommen ist. Hier hat sich eine deutliche Trennung der Redebeiträge der Konfliktpartner/innen bewährt: Zunächst erläutert die- bzw. derjenige das Problem, die/der es eingebracht hat. Dann bekommt die oder der Kritisierte Gelegenheit, die Situation aus der eigenen Perspektive zu schildern.

Beide Parteien erhalten hinreichend Zeit, um ihre Sichtweise angemessen darstellen zu können. Anschließend können die Mitschüler/innen ihre Wahrnehmungen einbringen, weiterhin mit dem Ziel, Klarheit in den Konflikt zu bringen.

Nicht selten verschwindet der Konflikt mit seiner Klärung – die Chance, eine konflikthafte Situation aus der Perspektive der/des anderen sehen zu können, führt zu Verständnis.

In dieser Phase geht es ausschließlich um eine Klärung des Konflikts, nicht um dessen Bewertung oder Lösung. Ob eine Lösung tauglich ist, kann erst beurteilt werden, wenn man den Konflikt verstanden hat.

3. Mögliche Konfliktlösungen sammeln

In Form von Brainstorming erfolgt nun die Suche nach möglichen Lösungen. Dabei sollte vermieden werden, dass bereits in einem frühen Stadium eine Idee gegen eine andere ausgespielt wird – dies wäre kontraproduktiv, würde es doch die Kreativität der Anwesenden bremsen.

In der Regel bringen die Gesprächsteilnehmer/innen ihre Vorschläge mündlich im Kreisgespräch vor. Scheint es bei einem Thema sinnvoll, methodisch gelenkt eine breitere Beteiligung zu erzielen, lässt man dem Sammeln von Lösungsansätzen eine kurze Murmelphase vorausgehen. Wichtig ist hier eine klare zeitliche Begrenzung (zwei bis drei Minuten), die durch eine Sanduhr oder einen Wecker optisch unterstützt werden kann.

4. Bewerten der vorgeschlagenen Lösungsansätze

Im folgenden Schritt ist abzuwägen, welcher Lösungsvorschlag zu favorisieren ist. Dabei ist es unerlässlich, das Einverständnis der Konfliktparteien einzuholen – beide müssen die zur Wahl stehenden Lösungsvorschläge akzeptieren!

5. Verabredung einer Lösung und Reintegration der bzw. des »Angeklagten«

Im Klassenrat gilt die Regel:

> Am Ende jedes Konfliktgesprächs muss eine Lösung stehen!

Nur wenn die Beteiligten sich auf eine Lösung verständigt haben, kann der Konflikt als beendet gelten. Ist sichergestellt, dass die Beteiligten die diskutierten Lösungen akzeptieren würden, dann wird in der Regel per Abstimmung entschieden. Ebenfalls möglich ist die zeitintensivere Form des Konsensprinzips. In diesem Fall wird nur die Lösung akzeptiert, mit der sich alle einverstanden erklären.

Wenn zwei Konfliktparteien sich auf eine Lösung verständigen, zwei zerstrittene Kinder sich die Hand geben zur Versöhnung, eine Schülerin oder ein Schüler sich entschuldigt, dann verändert sich der Status der Person, die eben noch kritisiert wurde. Anders als in Gerichtsverfahren, die häufig mit einer Verurteilung des »Täters« enden, muss es Anliegen der Schule sein, Kinder, die einen Fehler begangen haben, wieder in die Gemeinschaft zu reintegrieren (siehe Kapitel 8.4). ⇨ S. 95f

6. Verbindlichkeit von Absprachen sichern – das Ritual der Dokumentation

Sobald eine Klasse eine Lösung gefunden hat, wird diese im Protokoll festgehalten, also schriftlich dokumentiert. Eine weitergehende Form ist das »Ritual der Dokumentation«. Von diesem Ritual wird gesprochen, wenn eine Vereinbarung zwischen zwei Parteien in Form eines schriftlichen Vertrags festgehalten wird, der von allen Beteiligten unterschrieben wird.

Das Ritual der Dokumentation verleiht Absprachen besondere Verbindlichkeit. So, wie Schüler/innen es von ihren Eltern kennen, wenn diese einen Vertrag unterschreiben, stimmen sie den im Dokument festgehaltenen Absprachen verbindlich zu, wenn sie diese mit ihrer Unterschrift bestätigen.

Wichtig ist, dass der Vertrag von allen, für die die Absprache gilt, unterschrieben wird. Anschließend kann das Dokument allen in Form einer Kopie ausgehändigt, in einem besonderen Ordner verwahrt oder aber – wenn die Absprache größere Gruppen (Klassenverband, Jahrgang) betrifft – in einem Rahmen an einem für alle einsehbaren Ort ausgehängt werden.

In der Streitschlichtung stellt ein solcher schriftlicher Vertrag ein unverzichtbares Element dar – ein »Schlichtungsformular« hält Datum, Konflikt und Abkommen fest, unterschrieben durch die Konfliktparteien und die Schlichter/innen. Häufig wird darüber hinaus eine Absprache zur Überprüfung der Wirksamkeit dokumentiert (vgl. für die Klassen 3–6 Jefferys-Duden 2008, S. 132; für die Sek. I Jefferys-Duden 2002, S. 101).

Demgegenüber sollte im Klassenrat nur selten auf das Ritual der Dokumentation zurückgegriffen werden, um dessen herausgehobene Bedeutung zu erhalten. Eine Situation, in der die Wahl dieses Rituals angemessen erscheint, ist die Absprache von Klassenregeln.

Meinte man nun, mit einer schriftlich festgehaltenen Lösung sei ein Konflikt grundsätzlich aus der Welt, dann würde man die Realität ignorieren. Ob eine Lösung trägt, das wird die Zukunft erweisen. Deshalb ist es wichtig, die Lösung nicht nur schriftlich im Protokoll festzuhalten, sondern auch mit zeitlichem Abstand zu reflektieren, ob sie der Erprobung in der Praxis standgehalten hat.

7. Feedback

Eine Art Feedback erfolgt in der nächsten Klassenratssitzung. An deren Beginn steht die Verlesung des Protokolls, verknüpft mit der Frage »Hat's geklappt? Wurden die Absprachen eingehalten?« Sollte sich an dieser Stelle herausstellen, dass die abgesprochene Lösung nicht funktioniert hat, wird das Thema erneut aufgegriffen.

4.2.2 Problemanzeigen

1. Lädt Klassenrat zum Kritisieren ein?

Die Rubrik »Ich kritisiere …« wird im Klassenrat am stärksten genutzt. Diese Beobachtung veranlasst Lehrer/innen darüber nachzudenken, ob sie auf diese Spalte verzichten sollten. »Wir laden damit ja geradezu ein, Kritik zu äußern – und es wird sowieso viel zu viel kritisiert an unseren Schulen«, ist zu hören. Der Einwand scheint zunächst plausibel. Und dennoch: Konflikte gehören zum Alltag, sie stellen eine Lernchance dar.

Dies scheinen Schüler/innen instinktiv zu spüren: Wenn man auf die Spalte »Ich kritisiere …« verzichtet, finden sich unter »Ich wünsche …« gehäuft Einträge wie »Ich wünsche, dass Florian mir nicht immer mein Mäppchen wegnimmt.«

z.B. Aus der Praxis

Ich wollte mal sagen, dass …

Eines Tages kommen Lina und Meike aus meiner siebten Klasse zu mir. »Seit wir den Klassenrat haben, wird so viel kritisiert – in der Grundschule war das bei uns gar nicht so.« Ihr Vorschlag: Wir sollten die Spalte »Ich kritisiere …« abschaffen. Gemeinsam überlegen wir: Kommen nicht doch wichtige Punkte zur Sprache? Dem stimmen die Mädchen zu, mit einer Einschränkung: Es störe sie, dass dieselben kleinen Ärgereien Woche für Woche besprochen würden. Immer wieder hören wir von den Sticheleien zwischen Flori und Jule. Auch die Rangeleien zwischen Malte und Tim sind Dauerbrenner.

Die Mädchen sehen, dass die betroffenen Kinder unter den beinahe rituell ablaufenden kleinen Konflikten leiden und diese nicht einfach hinnehmen möchten. Aber muss man darüber immer wieder von Neuem sprechen? Wir entwickeln die Idee einer vierten Spalte: »Ich wollte mal sagen, dass …« Hier darf man eintragen, was man einmal loswerden möchte, ohne weiteren Gesprächsbedarf. Die Mädchen bringen diese Idee in den Klassenrat ein. In Zukunft wird die neue Rubrik regelmäßig genutzt, die Diskussion über »Kleinigkeiten« entfällt nun weitgehend.

Das Beispiel zeigt, dass Klassenrat kein starres Ritual ist, sondern Entwicklungsspielraum bietet, der genutzt werden sollte.

2. Die Lust am Strafen

Bei Konflikten neigen insbesondere jüngere Schüler/innen dazu, schnell Strafen für »Angeklagte« zu verhängen: Wer noch einmal ein Schimpfwort für eine Mitschülerin oder einen Mitschüler benutzt, bekommt eine Woche Fußballverbot! Für Kinder, die andere Pausenaktivitäten bevorzugen, finden sich entsprechende Lösungen.

Drohungen dieser Art sind erfahrungsgemäß wirksam, wenn sie bei Verstoß gegen eine Absprache (»Wir benutzen keine Schimpfwörter für andere Personen!«) von der Klasse konsequent durchgeführt werden. Die meisten Kinder vermeiden es tunlichst, das Risiko einer solchen Bestrafung einzugehen. Pädagogisch hingegen sind Lösungsansätze dieser Art nicht überzeugend. Als Lehrer/in muss man sich fragen, wie lange man solche Maßnahmen tolerieren möchte.

⇨ S. 58 f.

Deutet man im Sinne der Individualpsychologie störendes Verhalten als eine (destruktive) Form der Kompensation von Minderwertigkeitsgefühlen und versteht die dahinterstehenden Motive als Bedürfnis nach Anerkennung, Aufmerksamkeit und Integration in die Gemeinschaft, dann sind Maßnahmen, die auf einen – auch vorübergehenden – Ausschluss aus der Gemeinschaft zielen, problematisch.

Dies sind jedoch psychologische Einsichten, die Schüler/innen nicht leicht zu vermitteln sind. Wichtig ist an diesem Punkt, die Rollenverteilung im Klassenrat zu beachten: Als Lehrer/in darf man die eigene Meinung einbringen und Anregungen geben, nicht jedoch, auch nicht verdeckt, Entscheidungen fällen. Wie mit störendem Verhalten umgegangen wird, das entscheidet die Klasse!

⇨ S. 56

Ein weiterführender Impuls kann darin bestehen einzubringen, wie Freinet als »Erfinder« des Klassenrats über Sanktionen denkt (vgl. Kapitel 5.2.2). Freinet wendet sich ausdrücklich gegen Bestrafungen, mit einer Ausnahme:

> Die einzige normale Strafe, die verhängt wird, sollte die sein, dass der angerichtete Schaden wiedergutgemacht, das Zerstörte wieder repariert, das Beschmutzte wieder gereinigt wird und man eine besondere Aufgabe übernimmt, um den der Klasse zugefügten Schaden wiedergutzumachen. (Freinet 1979, S. 78)

Auch geringfügige Bußgelder, die der Gemeinschaftskasse zugutekommen, können laut Freinet für »gewisse Vergehen« verhängt werden.

Manch einer Klasse – und Lehrkraft – reicht es, wenn diese Anregung im Verlauf einer Klassenratsstunde eingebracht wird. Wird wieder einmal mit Strafandrohung hantiert, bringt die Lehrerin bzw. der Lehrer im Rahmen der Diskussion über Lösungsvorschläge Freinets Position ein.

Denkbar ist auch der Weg über die Wandzeitung: Die/der Lehrer/in schreibt an: »Ich kritisiere, dass als Lösung für ein Problem häufig die Androhung einer Strafe gewählt wird.« Vorteil dieser Vorgehensweise ist, dass dem Anliegen voraussichtlich größere Aufmerksamkeit zukommt – es ist nicht ein Argument im Rahmen der Lösungsfindung, sondern eigenständiges Thema des Klassenrats.

Variante

Stundenthema: Was ist eine gute Lösung?

Es kann sinnvoll sein, die Frage nach angemessenen Konsequenzen bei Regelverstößen in der Klasse einmal gesondert zu reflektieren. Dass hier eine Metaebene eingenommen wird, sollte im Vorfeld deutlich gemacht werden: »Ich möchte mit euch in der nächsten Klassenratsstunde einmal nicht Klassenrat *machen*, sondern darüber *nachdenken*, wie unser Klassenrat zurzeit läuft. Dabei möchte ich mich auf einen Aspekt konzentrieren: die Frage, wie gute Lösungen für Probleme aussehen können.« Wird eine solche Stunde rechtzeitig angekündigt, dann wird Enttäuschung darüber vermieden, dass kein »normaler« Klassenrat stattfindet, und die Schüler/innen können sich gedanklich auf das Thema vorbereiten.

⇨ S. 80 ff.

4.3 Wünsche

Die Rubrik »Ich wünsche« bietet die Chance, Ideen für das Zusammenleben auf Klassen- und Schulebene einzubringen. Worum kann es gehen? Einige Beispiele:

- Einige Kinder möchten eine Lesenacht in der Schule veranstalten – der Vorschlag wird diskutiert, eine Arbeitsgruppe für die Planung gebildet.
- Die Schwester eines Schülers besucht eine Schule für körperbehinderte Kinder. Diese Förderschule gestaltet den Außenbereich neu und ist dafür auf Spenden angewiesen – will die Klasse die Schule unterstützen? Mit welchen Aktionen kann Geld eingenommen werden?
- Einige Kinder interessieren sich für ein bestimmtes Thema – gemeinsam mit der Lehrerin bzw. dem Lehrer wird überlegt, in welcher Weise diesem Wunsch im Unterricht entsprochen werden kann.
- Im nächsten Jahr steht eine Klassenfahrt an – die Klasse will sich im Klassenrat auf ein Ziel einigen. Deshalb recherchieren Schüler/innen in Kleingruppen mögliche Ziele. Jede Gruppe stellt im Klassenrat ihren Favoriten vor. Die Schüler/innen lernen, ihre Wahl gut zu begründen und überzeugend darzustellen, denn sie möchten die Klasse für ihr »Traumziel« begeistern.

Wirkliche Partizipation geschieht dann, wenn Lehrende so viel Verantwortung wie möglich für die Gestaltung des Zusammenlebens an die Schüler/innen abgeben. Der Bereich »Wünsche« bietet hierfür eine echte Chance.

5. Mehr als eine Technik – zur Geschichte des Klassenrats

Auf den ersten Blick scheint Klassenrat eine »Methode« zu sein, die man sich schnell aneignen kann. Klassenrat ist jedoch weit mehr als eine Technik der Konfliktbearbeitung und der Organisation von »Klassenangelegenheiten«. Klassenrat ist Ausdruck und Konsequenz einer pädagogischen Haltung, die wesentliche Impulse der reformpädagogischen Bewegung Anfang des zwanzigsten Jahrhunderts verdankt. Für ein tiefer gehendes Verständnis ist es wichtig, sich der »Wurzeln« des Klassenrats zu vergewissern: Auf welcher pädagogischen Philosophie basiert Klassenrat? Welche Ziele wurden mit seiner »Erfindung« verbunden?

⇨ S. 52–58

Entstanden zu Beginn des 20. Jahrhunderts, nimmt der Klassenrat unterschiedliche Impulse dieser Zeit auf. Als »Erfinder« kann der Reformpädagoge Célestin Freinet gelten (Kapitel 5.2). Wie aber hätte Freinets Klassenrat ausgesehen ohne die Anregungen eines John Dewey (Kapitel 5.1)? Neben der reformpädagogischen Traditionslinie bildet sich in der zweiten Hälfte des 20. Jahrhunderts eine Variante des Klassenrats heraus, die auf dem Ansatz der Individualpsychologie basiert (Kapitel 5.3). Beide Ausprägungen des Klassenrats, die reformpädagogische wie die individualpsychologische, sind heutzutage an Schulen anzutreffen.

⇨ S. 58–63

Abschließend wird der Frage nachgegangen, welche Anregungen der historische Rückblick für Klassenrat heute geben kann.

5.1 Demokratie lernen durch Erfahrung (John Dewey)

Der amerikanische Philosoph und Pädagoge John Dewey (1859–1952) trat entschieden dafür ein, dass Demokratie im konkreten Zusammenleben der Menschen auf allen Ebenen – Familie, Schule und »große Gesellschaft« – gelebt werden müsse. Nicht die theoretische Auseinandersetzung, sondern die tätige Erfahrung stellt für ihn den Weg zur Verankerung der Demokratie in sämtlichen Lebensbereichen dar.

1894 als Professor für Philosophie und Direktor des Seminars für Psychologie, Philosophie und Pädagogik an die neu gegründete Universität von Chicago berufen, gründet Dewey 1896 gemeinsam mit seiner

Frau Alice die »Universitätsgrundschule«, die bald in »laboratory school« umbenannt wird. Diese Schule, Vorbild der von Hartmut von Hentig gegründeten Laborschule Bielefeld, dient der Erprobung von Theorien aus den Bereichen Philosophie und Pädagogik.

Die Initiative einer Schulgründung hat für Dewey eine bedeutende gesellschaftspolitische Dimension, wie sein 1897 formuliertes pädagogisches »Glaubensbekenntnis« deutlich macht:

> Ich glaube, dass die grundlegende Methode für Reform und sozialen Fortschritt die Erziehung ist. Ich glaube, dass alle Reformen, die lediglich auf Gesetzesbestimmungen oder auf bestimmten Strafandrohungen oder auf Veränderungen äußerlicher und mechanischer Arrangements beruhen, von vorübergehender Natur und letztlich vergeblich sind. […]
>
> Ich glaube, dass diese Auffassung die Ideale des Individualismus und des Sozialismus berücksichtigt. Sie ist individualistisch, weil sie die Bildung eines bestimmten Charakters als einzig echte Grundlage des richtigen Lebens anerkennt. Sie ist sozialistisch, weil sie anerkennt, dass diese Charakterbildung nicht am individuellen Begriff, Beispiel oder Aufruf sich ereignet, sondern durch den Einfluss einer bestimmten Form des institutionellen oder Gemeinschaftslebens auf das Individuum, und dass der soziale Organismus in der Lage ist, über die Schule als sein Werkzeug ethisches Verhalten zu bestimmen.
>
> Ich glaube, dass wir in der idealen Schule eine Versöhnung der individualistischen und gemeinschaftlichen Ideale antreffen.
>
> (Dewey 1897)

Die Schule seiner Zeit sieht Dewey als gescheitert an – er wendet sich dezidiert ab von Schule als einem Ort, »an dem bestimmte Informationen verteilt, an dem bestimmte Lektionen erlernt oder an dem bestimmte Verhaltensweisen ausgebildet werden sollen. Der Wert dieser Vorstellungen wird als hauptsächlich in der fernen Zukunft liegend erachtet; das Kind soll diese Dinge um anderer Dinge willen tun; sie dienen nur der Vorbereitung« (Dewey 1897). Eine solche belehrende Schule, die lediglich auf das Leben »danach« vorbereite, vernachlässige »das Grundprinzip der Schule als Form gemeinschaftlichen Lebens« (Dewey 1897):

»Ich glaube, dass ein Großteil der gegenwärtigen Erziehung scheitert, weil sie das Grundprinzip der Schule als Form gemeinschaftlichen Lebens vernachlässigt.«

Positiv gewendet bedeutet dies: Schule sollte als ein Ort des Zusammenlebens genutzt werden, der wesentliche Erfahrungen des sozialen Lebens ermöglicht. Eine besondere Chance der Schule besteht nach Dewey darin, dass sie die Gesellschaft im Kleinen abbildet und Kinder somit in einem überschaubaren Rahmen erleben lassen kann, wie Demokratie funktioniert.

> Ich glaube, dass die Schule als Institution das bestehende gesellschaftliche Leben vereinfachen sollte. Sie sollte es gewissermaßen auf eine embryonische Form reduzieren. Das bestehende Leben ist derart komplex, dass das Kind nicht ohne Verwirrung oder innere Flucht direkt damit in Kontakt gebracht werden kann. (Dewey 1897)

Deweys Schulkonzept basiert auf der Überzeugung, dass Lernen umfassend auf Erfahrung beruhen müsse. Damit folgt er dem Prinzip »learning by doing« und erweitert dieses um das wesentliche Element der Reflexion. Dem entspricht ein Verständnis der Lehrerrolle, mit dem Dewey sich vom Geist seiner Zeit abhebt: Lehrer/innen werden nicht als Wissende gesehen, die Schüler/innen belehren und bevormunden, sondern als deren Mitarbeiter/innen.

5.2 Klassenrat als Ort der Selbstverwaltung (Célestin Freinet)

5.2.1 Zur Entstehung des Klassenrats bei Freinet

Wesentlich zur Entwicklung des Klassenrats beigetragen hat der französische Reformpädagoge Célestin Freinet (1896–1966), er kann als dessen Begründer angesehen werden.

Ausgangspunkt

Als Freinet beginnt, als Lehrer zu arbeiten, ist es für ihn undenkbar, so zu unterrichten, wie er es in seiner eigenen Schulzeit erlebt und in der Lehrerausbildung gelernt hat. Was bringt einen 24-jährigen Junglehrer dazu, sich vom herkömmlichen Ansatz des Unterrichtens zu distanzieren und nach Alternativen zu suchen? Bei Freinet sind vier Faktoren bedeutsam: eigene leidvolle Erfahrungen als Schüler, gesundheitliche Probleme, die konkrete Lebenssituation seiner Schüler/innen sowie seine politische Haltung.

Eigene Schulerfahrungen
Freinets eigene Schulzeit war bestimmt von unverständlichen Lehrbüchern, körperlicher Züchtigung sowie der Empfindung, dass die im Frontalunterricht vermittelten Inhalte ohne Bezug zum Leben vor der Schultür seien. So erlebte Freinet seine eigene Schulzeit als durch »eine Kette leidvoller Erfahrungen« geprägt, »die sich in seinen Vorstellungen zu einem nebelhaften, großen Gefühl erlittenen Unglücks verdichtet haben« (Laun 1983, S. 25).

Körperliche Beeinträchtigung
Aus dem Ersten Weltkrieg, in den Freinet während seiner Ausbildung zum Primarschullehrer eingezogen wurde, kehrt er mit schweren Schussverletzungen sowie einer von Kampfgasen verätzten Lunge zurück. Traditioneller Frontalunterricht ist ihm nun schon aufgrund seines Lungenleidens nicht möglich.

Die Situation der Schüler in Bar-sur-Loup
Ohne abgeschlossene Ausbildung bekommt Freinet 1920 eine Anstellung als Lehrer einer Jungenklasse in Bar-sur-Loup, einer »Schule, die sich nicht von den meisten anderen unterscheidet: schmutzig, düster, von dem für eine Schule so charakteristischen Geruch erfüllt und von 35 Schülern besucht, viele davon Pächtersöhne, die zum größten Teil für geistige Anstrengungen wenig übrig haben« (Girardin 1972, S. 139). »Sehr deutlich empfindet Freinet, dass der dozierende Unterricht ohne Beziehung zum Leben der Kinder ist und ihr Interesse mehr dem gilt, was außerhalb des Klassenzimmers im Dorf geschieht« (Laun 1983, S. 25).

Als einen abrupten Wechsel der Situation, eine »gefährliche Trennung« von Leben und Schule, beschreibt Freinet den Moment des Unterrichtsbeginns. Er erlebe die Kinder vor Schulbeginn als lebhaft diskutierend, ja »überschäumend«. »Wenn der Erzieher, sobald er die Tür hinter sich geschlossen hat, ›Unterricht in Morallehre‹ oder ›Unterricht im Lesen‹ oder selbst ›Unterricht im Aufsatzschreiben‹ ankündigt, so ist der Zauber dahin: Es schiebt sich etwas wie eine verwünschte Wand zwischen das Leben in der Schule und das wirkliche Leben, und von da an werden die gestellten Probleme weder in natürlicher Weise gelöst noch beurteilt« (Freinet 1980, S. 60). Diese Wahrnehmung seiner Schüler/innen veranlasst Freinet, die Kinder weitgehend selbst bestimmen zu lassen, was Gegenstand ihres Unterrichts sein solle.

Freinets politische Haltung als Sozialist
Schließlich wirkt sich Freinets politische Grundhaltung auf seine Vorstellung von einer zeitgemäßen Schule aus. Als überzeugter Sozialist und Gewerkschaftsmitglied stellt er sich deutlich auf die Seite der

armen Bevölkerung und engagiert sich auch außerhalb der Schule für eine Veränderung sozialer Missstände.

Auf der Suche nach alternativen Wegen der Unterrichtsgestaltung tritt Freinet in Kontakt mit führenden Reformpädagoginnen und -pädagogen, setzt sich mit ihrer Literatur und vor allem ihrer pädagogischen Praxis auseinander und prüft anschließend im Umgang mit seinen Schülern die Tragfähigkeit der gewonnenen Anregungen. Bereits Mitte der Zwanzigerjahre kommt ein reger Austausch mit ähnlich denkenden Lehrerinnen und Lehrern in Gang, aus dem sich eine bis heute aktive breite Bewegung von »Freinet-Lehrer/innen« entwickelt.

Freinets Stellung innerhalb der reformpädagogischen Bewegung

Freinet hat die Schulpädagogik nicht durch die »Erfindung« neuer Unterrichtsformen bereichert. Sein Verdienst ist es, Ideen unterschiedlicher Reformpädagogen in der Praxis erprobt, abgewandelt und zu einem sinnvollen Ganzen zusammengestellt zu haben.

Die tiefgreifende Kritik am französischen Regelschulwesen veranlasst Freinet dazu, die Unterrichtsinhalte an den Interessen und Bedürfnissen der Kinder auszurichten. Sie sollen nicht länger in einer passiven Haltung verharren und vorgesetzte Inhalte rezeptiv aufnehmen müssen.

Auch strukturell partizipieren die Schüler/innen an der Gestaltung ihres Unterrichts. Innerhalb der pädagogischen Konzepte, die eine verstärkte Selbst- und Mitregierung der Schüler/innen im schulischen Rahmen ermöglichen wollen, gehört der Ansatz Freinets zu einer Minderheit. In der Regel hat das Bemühen um eine Demokratisierung von Schule die Ebene der Institution im Blick. Freinet hingegen setzt auf der Ebene der Einzelklasse an und sucht nach Wegen, bedeutsame Entscheidungen über das tägliche Unterrichtsgeschehen in die Hand der Kinder und Jugendlichen zu geben. Um seinen Leser/innen diesen Grundsatz nahezubringen, benutzt Freinet das Bild des Fohlens, das intuitiv besser als jeder Züchter wisse, welches Futter seine optimale Entwicklung ermögliche.

> Da wir augenblicklich nicht behaupten dürfen, dass wir die Kinder sowohl methodisch wie wissenschaftlich so führen können, dass jedem von ihnen die ihm persönlich angepasste Erziehung zuteil wird, begnügen wir uns damit, ihnen ein ihre Interessen förderndes Milieu zu schaffen und ein entsprechendes Arbeitsmaterial und kindgemäße Techniken zu entwickeln, die ihre Bildung fördern, ihnen die Wege ebnen, auf denen sie je nach ihrer Veranlagung, ihren Neigungen und ihren Bedürfnissen weiterschreiten werden.
>
> (Freinet 1979, S. 16)

Der Sozialist Freinet tritt für Kooperation auf der Ebene der Einzelklasse, schulübergreifend (regelmäßiger Austausch der Kinder mit Korrespondenzklassen) wie auch unter Kollegen ein. Dementsprechend ist die Selbstverwaltung der Klasse in Form einer Kooperative eine »der wichtigsten strukturellen Grundlagen der Freinet-Pädagogik« (Laun 1983, S. 48). Hier nun wird der Klassenrat zum unverzichtbaren Element, denn »die Klasse verwaltet sich selbst durch den Klassenrat« (Brinkmann 1980, S. 58).

5.2.2 *Das Klassenratskonzept Freinets*

Wie aber gestaltet sich Klassenrat im Sinne Freinets konkret? Zu berücksichtigen sind die Rahmenbedingungen, unter denen Freinet lehrte. Als Lehrer an einer Elementarschule (Volksschule) hatte er es mit einer Gruppe sechs- bis vierzehnjähriger Kinder zu tun, die in einer Klasse gemeinsam unterrichtet wurden. Sein pädagogischer Ansatz stand nicht nur in krassem Gegensatz zum französischen Schulwesen seiner Zeit, sondern auch zum autoritär-familiären Erziehungsstil. Es ist also davon auszugehen, dass die Rolle, welche Freinet seinen Schüler/innen zudachte, für diese eine erhebliche Umstellung bedeutete.

Der Ablauf einer Klassenratssitzung, wie Freinet ihn beschreibt, ist schnell skizziert. Mit Beginn des Klassenrats nimmt eine Schülerin oder ein Schüler die Lehrerposition ein. Sie/er leitet die Versammlung, unterstützt durch eine Sekretärin oder einen Sekretär. Für das Amt des Vorsitzes prägt Freinet den Begriff »président«, in der Freinet-Literatur übersetzt mit »Präsident«.

Bei Freinet wird die besondere Rollenkonstellation im Klassenrat bildlich dadurch unterstützt, dass der »Präsident« hinter dem Schreibtisch des Lehrers Platz nimmt. »Sein Sekretär steht neben ihm. Alle Schüler sitzen frei nach Belieben in der Klasse, die zu einem Versammlungsraum geworden ist. Der Lehrer hat sich bescheiden im Hintergrund der Klasse hingesetzt« (Freinet 1979, S. 75).

Nach der förmlichen Eröffnung wird zunächst an Themen und Beschlüsse der letzten Klassenratssitzung erinnert, indem der »Schriftführer« das Protokoll (»den Rechenschaftsbericht«) verliest. Anschließend wird über mögliche Anschaffungen beraten. In diesem Zusammenhang informiert der »Kassenwart« über den aktuellen Kassenstand.

Nun kommt die »Wandzeitung« ins Spiel, auf der die Kinder während der zurückliegenden Woche Wünsche, Kritik und Lob notieren konnten. Jeder Eintrag ist namentlich zu kennzeichnen. Man muss zu dem eigenen Anliegen stehen, und Freinet, darin ganz Realist, ergänzt: »Eine anonyme Eintragung wäre außerdem sinnlos, da die Schrift ja den

Schreiber verrät« (Freinet 1979, S. 76). Bei der Wandzeitung handelt es sich um ein 40 bis 50 cm großes Blatt, dessen Kopf jede Woche neu von einem Kind künstlerisch gestaltet wird. Das Blatt ist in drei Spalten untergliedert mit den Überschriften: »Wir üben Kritik – Wir beglückwünschen – Wir fordern!« (Freinet 1979, S. 76).

Schon zu Freinets Zeiten scheint die Kritik überwogen zu haben. Dies zumindest wird durch die Beobachtung nahegelegt, dass Freinet auf das »Beglückwünschen« nicht weiter eingeht, während er gut zwei Seiten verwendet, um seine Überlegungen zu dem Tagesordnungspunkt »Kritik« näher auszuführen. Dabei wendet er sich ausdrücklich gegen Bestrafungen, mit einer Ausnahme: »Die einzige normale Strafe, die verhängt wird, sollte die sein, dass der angerichtete Schaden wiedergutgemacht, das Zerstörte wieder repariert, das Beschmutzte wieder gereinigt wird und man eine besondere Aufgabe übernimmt, um den der Klasse zugefügten Schaden wiedergutzumachen« (Freinet 1979, S. 78). Auch geringfügige Bußgelder, die der Gemeinschaftskasse zugutekommen, können für »gewisse Vergehen« verhängt werden.

Es ist Freinet wichtig, dass Klassenrat dennoch nicht mit dem Eindruck, es gehe in erster Linie um negative Kritik, verbunden wird.

> Das Gute, Dynamische, Aufmunternde muss bei unseren Klassenversammlungen immer über dem Unzureichenden, dem Versagen und dem Schlechten stehen, [denn] die Schule hat sich zu lange darauf beschränkt, zu kontrollieren und zu kritisieren. Sie erkannte zwar den Erfolg, aber nicht die Mühe und Anstrengung der Schüler an, so dass 80 Prozent der Schüler von dem ständigen Gefühl des Versagens gehandikapt waren.
>
> (Freinet 1979, S. 219)

Diesem Anliegen entsprechend empfiehlt Freinet, an den Anfang wie auch ans Ende des Klassenrats positiv konnotierte Themen zu platzieren. So berichtet der heute emeritierte Hochschullehrer Hans Jörg, der Célestin Freinet und dessen Frau Elise persönlich kannte, Freinet habe die in der jeweils zurückliegenden Woche entstandenen Schülerwerke sowie Briefe der jeweiligen Korrespondenzklasse ausstellen lassen, da durch eine solche Ausstellung »ein gutes Klima für die Versammlung entsteht, denn sie zeigt immer zuerst etwas Positives, bevor man in die Kritik über die negativen Ereignisse eintritt« (Jörg 1979, S. 219).

Diesem Ziel dient ferner der Abschluss der Versammlung mit der Besprechung der dritten Spalte. Unter »Wir fordern!« (welch selbstbewusste Schülerhaltung wird hier nahegelegt!) können »Vorschläge und Wünsche, die sich auf das Gemeinschaftsleben beziehen« (Freinet 1979, S. 76), eingetragen werden. Dazu gehören beispielsweise die Absprache, wer Vorträge zu welchem Thema halten wird, sowie die Verabredung gemeinsamer Unternehmungen und deren Organisation.

Funktionszuschreibungen

Freinet schildert, wie Klassenrat in seiner Unterrichtspraxis verläuft. Eine Theorie des Klassenrats entwirft er nicht. Dennoch lässt er an einigen Stellen einfließen, welche Funktionen er dem Klassenrat zuschreibt. Diese seien abschließend benannt.

Förderung der Gemeinschaft
Indem Freinet das Plakat für Kritik, Lob und Wünsche »Wandzeitung« (»Journal mural«) bzw. »Tagebuch« (Freinet 1979, S. 76) nennt, macht er deutlich, dass ihm die zeitliche Dimension wichtig ist. Wie in einer Zeitung sollen wichtige, das Leben der Gemeinschaft betreffende Geschehnisse festgehalten werden. Doch soll nicht nur dokumentiert werden, was geschieht. Als Funktion der Wandzeitung benennt Freinet, sie habe »die Aufgabe, alle sich in der unvollkommen funktionierenden Schulgemeinschaft zeigenden kindlichen Reaktionen zu einer vernünftigen Synthese zu führen« (Freinet 1979, S. 76). Kritik zum Anlass einer offenen und ehrlichen Auseinandersetzung zu nehmen, ist eine wesentliche Aufgabe des Klassenrats. »Wir werden versuchen, es in Zukunft besser zu machen« (Freinet 1979, S. 77).

Moralerziehung durch »Gewissenserforschung«
Genau hier, bei der Frage eines gelingenden gemeinschaftlichen Zusammenlebens, habe moralische Erziehung in der Schule ihren Ort. Wenn Freinet diese Position vertritt, wendet er sich damit indirekt gegen das Moralerziehungskonzept der Schule seiner Zeit. Dieses sieht einen täglich zu erteilenden theoretischen Moralunterricht nach besonderen Moralbüchern vor, deren Text auswendig zu lernen ist. Hintergrund dieses Moralunterrichts ist die strikte Trennung von Staat und Kirche in Frankreich (seit 1882), aufgrund derer an den staatlichen Schulen Frankreichs kein Religionsunterricht erteilt wird.

Demgegenüber hält Freinet die »Gewissenserforschung« (Freinet 1979, S. 77), das offene, kritische und konstruktive Sprechen über problematisches Verhalten Einzelner, für einen geeigneten Weg, um einen ehrlichen und menschlichen Umgang der Kinder untereinander zu fördern.

Identifikation der/des Einzelnen mit der Gemeinschaft
Vom gemeinsamen Planen von Unterrichtsvorhaben und Unternehmungen verspricht sich Freinet, das Leben der Klasse werde so »zu einer ganz persönlichen Angelegenheit eines jeden Kindes. Die Schule wird seine Schule« (Freinet 1979, S. 78).

Vermittlung von Verantwortungsbewusstsein
Die Kinder übernehmen bei Freinet Aufgaben im Rahmen zeitlich begrenzter Unterrichtsprojekte. Darüber hinaus hat jede/r einen Dienst. Lobend oder kritisierend nehmen Schüler/innen regelmäßig auf der Wandzeitung Stellung dazu, wie Einzelne den von ihnen übernommenen Aufgaben gerecht werden. Auf diese Weise würden, so Hans Jörg, »die Schüler für ihre zukünftigen Aufgaben als verantwortungsbewusste Bürger vor [-bereitet] und [...] sie begreifen, dass die Freiheit bei der Arbeit untrennbar verbunden ist mit der Verantwortung« (Jörg 1979, S. 210).

Für Demokratie im Klassenraum im Sinne Freinets ist ein Klassenrat, der den Kindern das Wort gibt, unverzichtbar. Er ist, wie Hövel formuliert, das »Herz« jeder Freinet-Klasse (Hövel 1995, S. 60).

5.3 Prinzip Ermutigung (Individualpsychologie)

Eine in den 1980er-Jahren entstandene Variante des Klassenrats basiert auf dem Ansatz der Individualpsychologie. Die Individualpsychologie, begründet durch Alfred Adler (1870–1937), sieht menschliches Verhalten im Wesentlichen durch zwei Faktoren beeinflusst: die *Ziele*, die ein Mensch verfolgt, und die *Erfahrungen*, die er bei dem Versuch, seine Ziele zu erreichen, macht. Auf diesen Faktoren basiere der *Lebensstil*, den ein Kind ausbilde.

Dem Faktor Begabung misst Adler kaum Bedeutung bei: »Es komme nicht darauf an, was ein Mensch bei seiner Geburt mitbringt, sondern was er durch Lernen und Interesse erwirbt. Um den lähmenden Aspekt des ›Vererbungswahns‹ (Adler) zu bekämpfen, formuliert Adler sogar: ›Jeder Mensch kann (prinzipiell) alles!‹« (Rattner 1997, S. 7).

Einige Ziele sind nach Adler für jeden Menschen handlungsleitend: Anerkennung und Geltung, aber auch (als Folge des Kapitalismus und des Zeitgeistes »Konkurrenzdenken«) Überlegenheit und Macht. Grundsätzlich sei jedes Kind daran interessiert, als eigene Persönlichkeit wertgeschätzt zu werden und einen angemessenen Platz und Status in der Gesellschaft zu erlangen.

Adler ist davon überzeugt, dass dem Menschen ein Gefühl für sein Hingeordnetsein auf die Gemeinschaft angeboren ist. Er nennt es

> »Gemeinschaftsgefühl«. Ist dieses Gefühl genügend entwickelt, so kommt der Mensch zur Erkenntnis, dass er seine gefühlte und auch objektiv bestehende Minderwertigkeit nur dadurch auf eine menschenwürdige Weise ausgleichen kann, dass er mit andern zusammenarbeitet und die Lebensaufgaben gemeinsam löst. Minderwertigkeit kann also durch Entwicklung des Gemeinschaftsgefühls ausgeglichen werden.
> Fatalerweise legen nun aber nach Adler die gegebenen sozialen Strukturen (Kapitalismus) und der Zeitgeist (Konkurrenzdenken) dem Kinde, das seine Minderwertigkeit erlebt, die Fiktion nahe, es könnte einen Ausgleich durch individuelles Höherstreben erreichen. Mit diesem ichbezogenen vertikalen Streben versucht der Einzelne, sich Anerkennung und Geltung zu verschaffen, Überlegenheit über andere zu gewinnen oder Macht auf sie auszuüben. Adler hält dieses Streben nach Anerkennung, Geltung, Überlegenheit und Macht als Kompensation des allgegenwärtigen Minderwertigkeitsgefühls zwar auf der einen Seite für eine verfehlte Antwort auf die objektiv gegebene Minderwertigkeit, auf der andern Seite aber für den Motor für die allermeisten menschlichen Verhaltensweisen.
> (Brühlmeier 1995)

Was bedeutet der psychologische Ansatz Adlers für die Schule? Dieser Frage haben sich der Adler-Schüler Rudolf Dreikurs, Bernice Bronia Grunwald und Floy C. Pepper zugewandt. Für den Klassenrat relevante Überlegungen finden sich in ihrem Buch »Lehrer und Schüler lösen Disziplinprobleme« unter der Überschrift »Effektive demokratische Methoden« (Dreikurs/Grunwald/Pepper 1995, S. 63–169).

In vielem ähnelt das Klassenratskonzept dem Freinets: Schüler/innen werden an Entscheidungen beteiligt; wesentliche Themen sind positive Rückmeldungen, Wünsche und Kritik; die Struktur der Gesprächsführung bei Konfliktgesprächen entspricht in etwa dem des reformpädagogischen Klassenratskonzepts. Es sind vor allem drei Aspekte, in denen die Individualpsychologie eigene Akzente setzt:

- das Prinzip der Ermutigung,
- die Bedeutung einer Anerkennung der Gleichwertigkeit aller,
- die lenkende Gesprächsführung der Lehrer/innen.

5.3.1 Ermutigung statt Lob

Die Individualpsychologie misst der Ermutigung einen hohen Stellenwert bei – als Bedingung dafür, dass Kinder Selbstwertgefühl entwickeln und erfolgreich lernen können.

> Jedes Kind möchte gut sein und ist nur dann ›schlecht‹, wenn es keinen Erfolg bei seinem Bemühen, gut zu sein, sieht. [...] [Viele Eltern und Lehrer/innen] sehen nicht, dass Kritisieren und Demütigen nicht das Selbstvertrauen und den Mut des Kindes stärken, obwohl diese zwei Faktoren die Basis für soziales Einfügen und Lernfortschritt bilden. Sie allein geben ein Gefühl der Sicherheit.
> (Dreikurs/Grunwald/Pepper 1995, S. 89)

Deutlich unterschieden wird die »Ermutigung« vom »Lob«: Gelobt werde ein gelungenes Produkt, ein als gut gewertetes Ergebnis. Werde ein Kind gelobt, dann entstehe eine Form von Abhängigkeit: »Wenn das Kind einmal mit Lob belohnt worden ist, dann glaubt es, versagt zu haben, wenn Lob ausbleibt oder vorenthalten wird.« (Dreikurs/Grunwald/Pepper 1995, S. 97)

Ermutigung hingegen bezieht sich nicht einseitig auf das (intellektuelle) Ergebnis eines Arbeitsprozesses, sondern ebenso auf erkennbare Anstrengungsbereitschaft, eine eigenständige Idee, kleine Fortschritte oder das selbstständige Erkennen von Fehlern. Ermutigung geschieht, wenn ein Kind erlebt, dass es ernst genommen wird, dass Mitschüler/innen und Lehrer/innen Anteil nehmen an dem, was es tut, und dass sie ihm mit Respekt begegnen (vgl. Dreikurs/Grunwald/Pepper 1995, S. 88–105).

Einen festen Platz erhält Ermutigung im Ritual des Klassenrats individualpsychologischer Prägung vor allem in den »positiven Runden« (siehe Kapitel 3.4).

⇨ S. 37

5.3.2 Die Anerkennung der Gleichwertigkeit aller

Von grundlegender Bedeutung für das Konzept des »demokratischen Klassenzimmers« ist die Anerkennung der Gleichwertigkeit. »Gleichwertigkeit« bezieht sich vor allem auf den Bereich des Sozialen: Jeder Mensch, Kinder wie Erwachsene, besitze dieselbe Würde und dasselbe Ansehen, jedem sei Achtung und Respekt entgegenzubringen. Ein ausgewogenes Verhältnis zwischen eigenen Interessen und denen der Gruppe wird angestrebt: »Die gemeinsame Arbeit in einer demokratischen Klasse gründet auf Beachtung der Rechte und Interessen der anderen und dem Eintreten für seine eigenen Rechte. [...] Weder andere zwingen noch sich selbst zwingen lassen ist die Formel für Gleichwertigkeit« (Dreikurs/Grunwald/Pepper 1995, S. 64).

Die Individualpsychologie geht davon aus, dass das wichtigste Ziel eines Kindes darin besteht, einen angemessenen Platz und Status in der Gemeinschaft zu erlangen. Die Wege, die es zur Erlangung dieses Ziels wählt, können jedoch gemeinschaftsfördernd oder aber störend und unsozial sein. Welchen Weg ein Kind – in der Regel ohne sich dessen bewusst zu sein – wählt, steht in engem Zusammenhang mit seinem Lebensstil und damit den Erfahrungen, die es bislang mit den Wegen und Mitteln gemacht hat, die es zum Erreichen seiner Ziele genutzt hat. Wählt ein Kind einen unsozialen Weg, dann wird es als Aufgabe der Erzieher/innen bzw. Lehrer/innen gesehen, ihm die hinter seinem Verhalten liegenden »verborgenen Beweggründe« verständlich zu machen.

Ziel ist es, Kinder zur kooperativen Mitarbeit zu bewegen. Interessen des Individuums und der Gemeinschaft sind in ein ausgewogenes Verhältnis zu bringen.

> Wenn Kinder selbstständige, eigenverantwortliche Erwachsene werden sollen, müssen sie Unabhängigkeit gewinnen. Diese erlangen sie, wenn sie ermutigt werden, ihre eigenen Lösungen zu finden, kreative Ideen und unabhängige Ansichten zu haben und übertragene Aufgaben auszuführen. Auf diese Weise lässt sich Selbstbestimmung mit den Bedürfnissen des Einzelnen und denen der Situation vereinbaren.
> (Dreikurs/Grunwald/Pepper 1995, S. 79)

5.3.3 Das »gelenkte Gruppengespräch«

Als oberstes Merkmal einer »demokratischen Klasse« nennen Dreikurs, Grunwald und Pepper, Schüler/innen und Lehrer/innen »gemeinsam an der Planung, Organisation und Ausführung gemeinsamer Aktivitäten zu beteiligen«. Sie fahren fort: »[Der Lehrer] hat die Aufgabe und Verantwortung, die Richtung zu weisen, jedem Kind zu helfen, seine Fähigkeiten zu entwickeln, sich effektiv in der Gruppe zu beteiligen und dort Entscheidungen zu fällen und ausführen zu können« (Dreikurs/Grunwald/Pepper 1995, S. 65). Der Lehrer als Richtungsweiser – wie mag das aussehen? Wichtiges Instrument der Lehrer/innen bei der Wahrnehmung ihrer »wegweisenden« Aufgabe ist das »gelenkte Gruppengespräch«.

Das Buch »Lehrer und Schüler lösen Disziplinprobleme« (Dreikurs/Grunwald/Pepper 1995) behandelt Klassenrat im Zusammenhang des Themas »Gruppengespräche in der Klasse« als eine besondere Form der »Gruppengespräche«. Wie in »Gruppengesprächen« übernimmt die Lehrerin bzw. der Lehrer auch im Klassenrat zunächst die »lenkende Gesprächsführung«, um sie langsam an Schüler/innen abzugeben.

Gesprächen im Klassenverband messen Dreikurs, Grunwald und Pepper einen hohen Stellenwert bei. Ausschlaggebend dafür ist die Einschätzung, dass, was »immer ein Kind auch tut, die Art und Weise, wie es handelt, […] Teile seiner sozialen Interaktion mit den anderen Kindern

[sind] und nicht nur auf der Beziehung zum Lehrer [beruhen]. Lehrer sind sich oft auch nicht der Tatsache bewusst, dass die Beziehung zwischen Lehrer und einem Schüler Auswirkungen auf die Beziehung anderer Schüler zum Lehrer hat« (Dreikurs/Grunwald/Pepper 1995, S. 116).

Den Lehrenden wird eine deutlich lenkende Haltung zugewiesen, die mitunter eine manipulative Tendenz hat. In diesem Sinne formulieren die Autor/innen:

> Wenn der Lehrer ein wirksames Gruppengespräch will, kann er nicht passiv bleiben. Er muss beteiligt sein, die Richtung weisen und manchmal lenkend eingreifen. Da der Sinn des Gruppengesprächs nicht nur darin liegt, Verhalten, sondern auch Wertvorstellungen zu verändern, ist es manchmal nötig, stärker zu lenken. Wenn wir von ›Werten‹ sprechen, beziehen wir uns auf die Zielvorstellungen des Lehrers für das Kind und die Klasse.
>
> (Dreikurs/Grunwald/Pepper 1995, S. 125)

Erziehung von Kindern, die »unsoziales Verhalten« zeigen, werde durch eine Gesprächsführung, die nur einen engen Spielraum für Antworten (»ja« oder »nein«) lasse, gefördert (vgl. Dreikurs/Grunwald/Pepper 1995, S. 128).

Auf den Vorwurf der Manipulation nimmt das Autorenteam explizit Bezug: Es schildert ein zielgerichtetes, eng geführtes Gespräch zwischen einem Schulberater und einigen Schülern über einen Jungen, der durch seine Mitschüler ausgegrenzt wird, das mit der Zusage der Schüler, dem Jungen helfen zu wollen, endet. Im anschließenden Kommentar heißt es: »Ohne eine gelenkte Gruppendiskussion wäre dieses Ziel nicht erreicht worden. Das könnte als Manipulation angesehen werden, aber es ist um eines konstruktiven Zweckes willen geschehen« (Dreikurs/Grunwald/Pepper 1995, S. 128 f.). Heiligt also der Zweck die Mittel?[2]

Lehrer/innen erscheinen hier als moralische Autorität, die weiß, was gut ist für die Klasse und jeden einzelnen Schüler. Ihre Ziele sind »konstruktiver Zweck« und rechtfertigen damit manipulatives Vorgehen. Hier ist kritisch anzufragen, ob Lehrer/innen wirklich die Aufgabe und das Recht haben, ihre Schüler/innen durch geschickte Gesprächsführung dahin zu bringen, dass sie einsehen, dass der Lehrer recht hat – und

2 Trotz der Lenkerrolle der Lehrer/innen legen Dreikurs, Grunwald und Pepper Wert darauf, dass Lehrer/innen sich nicht als unfehlbar darstellen, sondern offen halten für Kritik. Sie argumentieren: »Wenn ein Lehrer akzeptieren kann, dass er auch nur ein Mensch ist, das heißt, dass er gelegentlich Fehler macht, haben die Schüler es leichter, die Tatsache zu akzeptieren, dass Fehlermachen zum Lernen gehört, dass man aus Fehlern lernen kann« (Dreikurs/Grunwald/Pepper 1995, S. 125).

sich entsprechend verhalten. Ein solches Vorgehen setzt nämlich voraus, dass sich mit Gewissheit sagen lässt, was gut für ein Kind oder eine Klasse ist.

5.4 Aus der Geschichte lernen?

Es ist beachtlich, welch hohen Stellenwert die demokratische Beteiligung der Schüler/innen an der Gestaltung der Schule vor hundert Jahren hatte – zumindest bei Pädagogen wie John Dewey und Célestin Freinet. Demokratie ist ein Menschenrecht – wie stecken wir heute den Rahmen ab, innerhalb dessen Schüler/innen dies in der Schule erleben und leben können?

Schule im 21. Jahrhundert kann nicht einfach 1 : 1 übernehmen, was fast hundert Jahre zuvor entwickelt wurde. Der historische Abriss macht jedoch auf wesentliche Erkenntnisse aufmerksam, die bedeutsam bleiben:

- Zur aktiven Teilnahme an der Demokratie werden Kinder und Jugendliche nicht durch theoretische Auseinandersetzung fähig, sondern durch eigene Erfahrungen (Dewey).
- Schule sollte als »embryonale« demokratische Gesellschaft gestaltet werden, die Schüler/innen authentische Erfahrungen mit Demokratie ermöglicht.
- Bedingung dafür ist ein höchstmögliches Maß an Partizipation – bezogen auf relevante Fragen des Unterrichts und Schullebens (Dewey).
- Konflikte sind wichtige, unverzichtbare Lerngelegenheiten – unter der Voraussetzung, dass sie konstruktiv bearbeitet werden, geleitet durch die zukunftsorientierte Haltung »Wir werden versuchen, es in Zukunft besser zu machen« (Freinet).
- Es besteht die Gefahr der Fokussierung auf Probleme, die im Zusammenleben entstehen – deshalb stellt Freinets Prinzip eine bleibende Herausforderung dar: »Das Gute, Dynamische, Aufmunternde muss bei unseren Klassenversammlungen immer über dem Unzureichenden, dem Versagen und dem Schlechten stehen.«
- Jedes Kind, jeder Mensch bedarf der Ermutigung (Adler), nicht durch Lob, sondern indem ihm echtes Interesse und Anerkennung entgegengebracht werden. Ermutigung geschieht im Klassenrat, wenn Schüler/innen
  - Aufgaben anvertraut bekommen, die bedeutsam sind für das Zusammenleben in der Klasse,
  - persönliche Probleme, etwa mit Mitschüler/innen, einbringen können und erleben, dass sich die anderen dafür interessieren,

- erleben, dass ihre eigene Meinung ernst genommen wird, wenn sie Stellung beziehen oder Lösungsvorschläge einbringen,
- durch das Ritual einer ersten »positiven Runde« ihre Aufmerksamkeit auf Situationen und Begegnungen richten, die sie erfreuen, und anderen ermutigende Rückmeldungen geben.

- Lehrer/innen müssen lernen, das traditionelle Rollenverständnis als belehrende, überlegene Wissensverwalter zu überwinden – im Klassenrat ist ihr Platz im Hintergrund (Freinet).
- Schüler/innen werden in Konflikten oft andere Lösungen finden als ihre Lehrer/innen. Solange Lehrer/innen mit Freinet »nicht behaupten dürfen, dass wir die Kinder sowohl methodisch wie wissenschaftlich so führen können, dass jedem von ihnen die ihm persönlich angepasste Erziehung zuteil wird« (Freinet 1979, S. 16), gilt es, offen zu sein für die Ideen der Schüler/innen. Selbstständigkeit und Eigenverantwortlichkeit entwickeln Kinder, wenn sie »ermutigt sind, ihre eigenen Lösungen zu finden« (Dreikurs/Grunwald/Pepper 1995, S. 79).

6. Übungen zur Förderung der Gesprächskultur

Wir kommunizieren tagtäglich. An diese Alltagserfahrung knüpfen Schüler/innen an, wenn sie beginnen, Klassenrat zu halten. Im Laufe der Zeit können die Kinder im Klassenrat ihre kommunikativen Fähigkeiten verbessern: Sie lernen, dass die eigene Meinung ihr persönlicher Standpunkt ist und nicht »die Wahrheit«; sie erfahren, wie wichtig es ist, Gefühle zu erkennen und zum Ausdruck zu bringen; sie üben sich darin, ihre Meinung zu begründen. Vieles lernen sie im Laufe der Zeit quasi »nebenbei« im Klassenrat, ohne sich dessen bewusst zu sein. Dazu tragen einige Gesprächsregeln bei (vgl. Kapitel 3.5), vor allem die Regel der direkten Anrede.

⇨ S. 38 f.

Dennoch kann es sinnvoll sein, einzelne Gesprächstechniken gezielt zu üben. Entsprechende Übungen benötigen Zeit, sie sollten, wenn möglich, in Doppelstunden oder an einem Blocktag durchgeführt werden. Deshalb ist zu empfehlen, sie nicht im Klassenrat, sondern im Deutschunterricht durchzuführen, zu dessen grundlegenden Aufgaben die Vermittlung kommunikativer Kompetenzen gehört.[3]

6.1 Aktives Zuhören

Echtes Zuhören ist dadurch gekennzeichnet, dass ich unvoreingenommen bin, also nicht meine, bereits zu wissen, was die bzw. der andere fühlt, denkt und sagen möchte. Ich bin interessiert an den Gedanken und Beweggründen meines Gegenübers. Eine solche Haltung fällt besonders schwer, wenn ich mir eine Meinung anhören muss, die meiner eigenen widerspricht.

Viele Konfliktgespräche leiden darunter, dass Menschen sich nicht wirklich zuhören, dass sie nicht versuchen, die Perspektive der bzw. des anderen zu verstehen. Oft überlegen sie sich, während der andere noch spricht, bereits eine Argumentationsstrategie, mit der sie erfolgreich wi-

3 Vgl. beispielsweise das niedersächsische Kerncurriculum für das Gymnasium im Fach Deutsch, das im Bereich »Mit anderen sprechen« als erwartete Kompetenzen unter anderem nennt: »Konflikte verbal lösen, die eigene Meinung formulieren und begründen, die Meinung anderer gelten lassen, aktiv zuhören« (Niedersächsisches Kultusministerium 2006, S. 16 f.).

dersprechen können. Deshalb sollte das *aktive Zuhören* gerade im Hinblick auf Konfliktsituationen geübt werden.

KV 15a

⇨ S. 156

Aktives Zuhören

Grundhaltung: Ich kann nicht wissen, was die bzw. der andere wirklich denkt und fühlt, und bin interessiert an dem, was sie/er sagt.

Körperhaltung: Ich sitze dem anderen zugewandt gegenüber und blicke ihm in die Augen.

Methode:
1. Ich höre ruhig zu.
2. Bevor ich meine Meinung sage, gebe ich wieder, was mein Gegenüber gesagt hat um herauszufinden, ob ich es richtig verstanden habe.
3. Ich frage nach, wenn ich etwas nicht hinreichend verstanden habe.
4. Der Gesprächspartner darf die Zusammenfassung (sachlich) korrigieren, wenn er sich nicht richtig verstanden fühlt.

Regeln:
1. Gib die Meinung deines Gegenübers in deinen eigenen Worten wieder.
2. Werte nicht.
3. Vermeide es, deine eigene Meinung einzubeziehen.

Begründung: Aktives Zuhören ermöglicht Verständnis einer kontroversen Position und signalisiert dem Gegenüber Interesse. Missverständnisse können frühzeitig ausgeräumt werden.

Aktives Zuhören üben

- Es werden Dreiergruppen gebildet nach dem Zufallsprinzip. In der Kleingruppe werden drei Rollen verteilt: Gesprächsteilnehmer/in A, Gesprächsteilnehmer/in B, Beobachter/in.
- Ein Thema wird genannt, über das die beiden Gesprächsteilnehmer/innen anschließend diskutieren. Beide sollen *unterschiedliche Standpunkte* vertreten. Zeitvorgabe: 3–5 Minuten.
- Bevor ein Gesprächsteilnehmer die eigenen Gedanken und Meinungen äußert, paraphrasiert er, was der andere gesagt hat.
- Die/der Beobachter/in achtet auf die Einhaltung der Regeln.

Themenvorschläge
- Die beste Sportart für Kinder/Jugendliche
- Ferien sind am schönsten, wenn …
- Das interessanteste Schulfach ist …
- Sollen wir an unserer Schule eine Schuluniform einführen?

Weiteres Vorgehen

- Reflexionsrunde (3–5 Minuten): In der Kleingruppe tauschen sich die Kinder/Jugendlichen über folgende Fragen aus, die gut sichtbar ausgehängt werden:
  - Wie war es für dich, die Aussagen deiner Gesprächspartnerin bzw. deines Gesprächspartners wiederzugeben?
  - Wie hast du dich gefühlt, als das, was du gesagt hast, von deinem Gegenüber wiedergegeben wurde?
  - Was ist dir schwergefallen?
  - An welche Regeln musstest du als Beobachter/in erinnern?
- Anschließend werden die Rollen getauscht, so dass jede/r einmal jede Rolle einnimmt (insgesamt drei Durchgänge). Auf jede Diskussionsrunde folgt die Reflexionsrunde.
- Am Ende folgt eine Plenumsdiskussion zu Fragen wie:
  - Was hat das aktive Zuhören (Paraphrasieren) bei den Gesprächsteilnehmer/innen bewirkt?
  - Welche Schwierigkeiten sind aufgetreten?
  - In welchen Situationen kann es hilfreich sein, die Methode des aktiven Zuhörens anzuwenden?

Im Rahmen der Reflexionsrunde oder zu einem späteren Zeitpunkt nach einem Klassenrat hilft das Arbeitsblatt »Bin ich ein guter Zuhörer?« bei der Selbstreflexion.

KV 15b

⇨ S. 157

Alternative

> Bei jüngeren Schüler/innen ist es sinnvoll, das aktive Zuhören zunächst an Themen zu üben, zu denen beide Gesprächsteilnehmer/innen etwas beitragen können, ohne kontroverse Positionen einzunehmen.
> Themenvorschläge:
> - Was mir gut an unserer Schule gefällt
> - Welches Haustier ich gerne hätte
> - Wo ich am liebsten meine Ferien verbringe
> - Wo ich mich am liebsten aufhalte
> - Mein schönstes Hobby

6.2 Die »begründete Ich-Botschaft«

Wie sprechen Menschen, die einen Konflikt miteinander haben? Drei grundsätzlich unterschiedliche Formen stehen zur Verfügung:

Du-Botschaft:	»Gib mir mein Etui zurück!«
Verkappte Du-Botschaft:	»Ich finde, du solltest mir mein Etui zurückgeben!«
Ich-Botschaft:	»Ich ärgere mich, wenn du mein Etui nimmst, ohne mich zu fragen!«

Verbreitet ist die Form der *Du-Botschaft*. Thomas Gordon hat diese Bezeichnung für Konfrontationsbotschaften geprägt, die ein »Du« enthalten (vgl. Jefferys-Duden 2002, S. 65). Eine Konfliktpartei weist der anderen Schuld zu und konfrontiert diese mit Unterstellungen: »Du Idiot! Kannst du nicht mal aufpassen? Dauernd bist du so rücksichtslos!« Aggressive Aussagen wie diese tragen zu einer Verschärfung des Konflikts bei. Die Sprecherin bzw. der Sprecher bleibt quasi unsichtbar, hält die eigene Person heraus und suggeriert, die eigene Sichtweise sei objektiv. Beim Gegenüber provoziert die Du-Botschaft in der Regel eine Verteidigungshaltung, er reagiert mit Abwehr und Gegenaggression, der Konflikt verschärft sich.

Auf eine rhetorisch geschickte Variante der Du-Botschaft weist Karin Jefferys-Duden (2002, S. 64f.) hin: die »verkappte Du-Botschaft«. Es handelt sich um eine als Ich-Botschaft getarnte Du-Botschaft: »Ich finde, du solltest …«.

Anders verhält es sich mit der *Ich-Botschaft:* Hier spricht der Sprecher von sich selbst – davon, wie er die Situation erlebt (hat), von seinen Gefühlen, Wünschen oder Erwartungen. Sprachlich kommt zum Ausdruck, dass die eigene Position subjektiv ist. Es gibt unterschiedliche Formen von Ich-Botschaften, beispielsweise

- die *aussagende Ich-Botschaft*, mit der ich eine Aussage über mich treffe (»Ich lese gern«),
- die *positive Ich-Botschaft*, mit der ich meine Freude über etwas zum Ausdruck bringe (»Ich freue mich, dass du …«),
- die *vorausschauende Ich-Botschaft*, mit der ich sage, was ich mir für die Zukunft wünsche (»Ich möchte gerne, dass ihr morgen ein Buch dabei habt, weil ich mit euch für den Lesewettbewerb üben möchte«),
- die *begründete Ich-Botschaft*, mit der ich begründet meine eigene Sichtweise, Kritik und Wünsche, zum Ausdruck bringe (»Wenn du dir meinen Füller nimmst, ohne mich zu fragen, ärgere ich mich, weil ich selbst bestimmen möchte, ob ich meinen Füller verleihe und wem. Ich wünsche mir, dass du mich in Zukunft fragst, wenn du etwas von meinen Sachen benutzen möchtest«).

Für Ich-Botschaften, mit denen Kritik am Verhalten anderer geübt wird, haben Gordon und Rosenberg den Begriff »konfrontierende Ich-Botschaft« geprägt, das Programm »Lions Quest ›Erwachsen werden‹« spricht von der »überlegten Ich-Botschaft« (Wilms/Wilms 2007, Kap. IV, S. 18 f.). Beiden Bezeichnungen mangelt es an Klarheit: Ziel des Konfliktgesprächs ist nicht Konfrontation, sondern Verständigung, und dass der Botschaft ein Überlegen vorausgeht, ist allgemein wünschenswert. Deshalb bevorzuge ich die Bezeichnung *»begründete Ich-Botschaft«*: Sprachlich wird hervorgehoben, dass die Sprecherin bzw. der Sprecher begründen soll, weshalb sie/er eine Situation in einer bestimmten Weise erlebt.

Wenn ein Kind ein anderes ärgert, dann löst dies beim »Opfer« Gefühle wie Wut, Ärger oder auch Verunsicherung aus. Viele Kinder gehen in einer solchen Situation spontan auf den anderen los, beschuldigen ihn, werden handgreiflich oder verbal verletzend (biologisches Programm: Angriff). Andere ziehen sich zurück und »verschanzen« sich schmollend oder ängstlich vor den anderen (biologisches Programm: Flucht).

Das Modell der begründeten Ich-Botschaft ermöglicht es, in einer *Beschwerdesituation* (eine Seite fühlt sich unfair behandelt oder verletzt, die andere Seite hat bzw. sieht kein Problem) den Ärger »kontrolliert« und konstruktiv zur Sprache zu bringen. Die begründete Ich-Botschaft wirkt deeskalierend, auch wenn bereits eine spontane Reaktion erfolgt ist, und kann den Weg für ein klärendes Gespräch ebnen.

Grundsätzlich ist das drei- bis vierstufige Schema des Modells zu beachten:

Modell der begründeten Ich-Botschaft

Wenn du ...	**bin ich ...**	**weil ...**	**und ich möchte ...**
Verhalten, mit dem ich ein Problem habe Klärung der Situation	*Gefühl*, das das Verhalten bei mir auslöst eigentliche Ich-Botschaft	*Begründung* (welche Folgen hat das Verhalten für mich)	*Wunsch*, wie der andere sich in Zukunft verhalten möge

Die beiden ersten Elemente können getauscht werden: »Wenn du gegen meinen Tisch stößt, bin ich ärgerlich« oder »Ich bin ärgerlich, wenn du …«. Ein Wunsch (»und ich möchte …«) kann formuliert werden, dies ist jedoch nicht zwingend erforderlich – oft reicht es, wenn Kritik ausgesprochen werden kann und begründet wird. Als *Regel* gilt:

> Bei der Klärung der Situation (»Wenn du ...«) sind Beschuldigungen und Verallgemeinerungen (»immer«, »dauernd«, »nie«) zu vermeiden!

Die begründete Ich-Botschaft einüben

Wie können Schüler/innen lernen, ihren Ärger über das Verhalten anderer in Form einer begründeten Ich-Botschaft vorzubringen? Methodisch gehe ich in diesem Falle deduktiv vor: Ich gebe den Schüler/innen ein Schema vor, das sie anschließend einüben.[4] Gerade etwas ältere Schüler/innen haben verständlicherweise Mühe damit, ein vorgegebenes Sprachmuster zu »trainieren« – dies kommt ihnen künstlich und nicht authentisch vor. Das ist es auch. Dennoch: Bevor ich ein Musikstück virtuos vortragen kann, muss ich es mir aneignen, zum Beispiel mit dem Metronom üben. Ähnlich ist es hier: Die begründete Ich-Botschaft sollte zunächst nach »Schema F« eingeübt werden – wer sie sich angeeignet hat, kann dann spontan sein und sprachlich variieren. Sinnvoll ist es, in drei Schritten vorzugehen:

Vorgehen

Phase	Methode
1. Einstieg mit Alltagskonflikten	Übung: Rempler und Nichtrempler, Rollenspiel: Reagieren in alltäglichen Konfliktsituationen
2. Einführung der »begründeten Ich-Botschaft«	Kurzer Lehrervortrag, unterstützt durch optische Darstellung des Schemas »begründete Ich-Botschaft«
3. Training	Einüben der »begründeten Ich-Botschaft« an einfachen Beispielsituationen

1. Phase: Einstieg mit Alltagskonflikten

Die Einstiegsphase führt den Kindern vor Augen, wie Konflikte ablaufen, wenn Menschen ihren Ärger über das Verhalten anderer einfach »rauslassen«. Es wird deutlich, dass ein Konflikt oft eskaliert, wenn es den Beteiligten nicht gelingt, ihre Empfindungen und Wünsche zu artikulieren.

Übung: Rempler und Nichtrempler
Die Klasse wird in zwei gleich große Gruppen aufgeteilt. Die eine Gruppe bekommt die Rolle der »Rempler« zugewiesen, die andere die der »Nichtrempler« – die Namen sprechen für sich. Anschließend bewe-

4 Wesentliche Anregungen zur Vermittlung der »überlegten Ich-Botschaft« verdanke ich Wilms/Wilms 2007, Kap. IV.

gen sich alle Kinder durch den Raum. Die Rempler haben die Aufgabe, die Nichtrempler zu stoßen, »anzurempeln«, ohne ihnen dabei wehzutun. Die anderen reagieren spontan.

Auf das Experiment folgt die Auswertung. Die Kinder werden befragt: Wie haben sie sich bei der Übung gefühlt? Welche Reaktionen haben sie bei den »Nichtremplern« wahrgenommen? Als Reaktionen lassen sich beobachten:

- *Aggression:* Einige Kinder reagieren aggressiv, sie rempeln zurück oder beschimpfen die Rempler.
- *Rückzug:* Andere Kinder verhalten sich defensiv, sie bewegen sich vorsichtig am äußeren Rand des Raums und versuchen, den Remplern aus dem Wege zu gehen.

Im zweiten Durchgang werden die Rollen gewechselt.

Rollenspiel: Reagieren in alltäglichen Konfliktsituationen

»Wer hat Lust, eine kleine erfundene Szene vorzuspielen?« Rollenspiele sind bei vielen Kindern beliebt. Zunächst werden zwei Freiwillige gesucht. Diese erhalten ein Blatt mit drei typischen Alltagskonflikten aus dem Klassenzimmer und einem kurzen Arbeitsauftrag (KV 16a für die Klassen 3–6, KV 16b ab Klasse 5). Mit diesem Arbeitsblatt gehen sie vor die Klassentür, um Absprachen zu treffen (Zeitvorgabe: ca. 3 Minuten): Welche Szene wählen sie aus? Wer übernimmt welche Rolle? Wie könnte sich die Situation entwickeln? Welche Rollennamen wollen sie sich geben? Die Rollennamen schreiben sie auf Kreppband und befestigen dies gut erkennbar an ihrer Kleidung.

KV 16a ⇨ S. 158
KV 16b ⇨ S. 159

Währenddessen führt die Lehrerin bzw. der Lehrer die Klasse ein: »Tom und Martina werden gleich eine Situation vorspielen, in der ein Streit entsteht. Schaut euch die Szene aufmerksam an. Macht bitte keine Bemerkungen. Achtet darauf, wie der Streit sich entwickelt.«

Pädagogisches Rollenspiel – was ist zu beachten?

Im Rollenspiel übernehmen Kinder oder Jugendliche fremde Rollen. Es ist wichtig, dies durch das Arrangement deutlich zu machen – sonst kann es passieren, dass ein Kind mit seiner Rolle identifiziert wird und in eine schwierige Situation gerät, indem es außerhalb des Spiels Eigenschaften der Rolle zugeschrieben bekommt. Deshalb wird das Rollenspiel *vorbereitet*, indem

- die Spieler einen fremden Namen erhalten,
- dieser Rollenname mit Kreppband sichtbar an ihrem Pullover befestigt wird,
- eine Bühne eingerichtet wird, auf der das Rollenspiel gespielt wird – am einfachsten, indem ein Teil des Raumes mit Kreppband vom übrigen

Raum getrennt wird: Auf der einen Seite des Kreppbands ist die Bühne, auf der anderen der Zuschauerraum.

Nach dem Rollenspiel wird die fiktive Situation aufgehoben, indem
- die Spieler einen Platz außerhalb der Bühne einnehmen,
- die Namensschilder entfernt und in den Bühnenbereich geklebt werden.

Die beiden Rollenspiel-Kinder spielen die Szene, bis das Problem und die Reaktion desjenigen, dessen Gefühle verletzt wurden, deutlich geworden sind. Dann beendet die Lehrerin bzw. der Lehrer das Spiel. Er bittet die Darsteller/innen, aus dem Kreis zu treten, entfernt die Rollennamen und fragt
- *die Darsteller/innen:* »Wie hast du dich als … [Rollenname] gefühlt?«,
- *die Zuschauer/innen:* »Was habt ihr gesehen? Wie hat sich der Konflikt entwickelt?«,
- *alle:* »Wie wird es mit den beiden weitergehen?«

Erfahrungsgemäß werden sich die in der Übung »Rempler und Nichtrempler« erkennbaren Reaktionsweisen zeigen: Aggression oder Rückzug.

2. Phase: Lehrervortrag zur Einführung der »begründeten Ich-Botschaft«

Die Lehrerin bzw. der Lehrer erläutert das Prinzip der begründeten Ich-Botschaft:
- Wenn ich mich ärgere oder meine Gefühle verletzt werden, gibt es drei Möglichkeiten:
  1. Ich werde wütend (Eskalation).
  2. Ich verschließe mich, ziehe mich zurück (Defensive).
  3. Ich bemühe mich darum, einen gemeinsamen Weg zu finden, und mache den ersten Schritt auf den anderen zu. Ein guter Weg dafür ist die »begründete Ich-Botschaft«.
- An einer Pinnwand oder Tafel wird ein Schild mit dem Thema »Begründete Ich-Botschaft« befestigt.
- Unter diese Überschrift werden vier Stühle gestellt, an deren Rückenlehne je ein Satzanfang gehängt wird:

KV 17

⇨ S. 160

Wenn du …	bin ich …	weil …	und ich möchte …

Stühle mit Satzanfängen der begründeten Ich-Botschaft

- Die Lehrerin bzw. der Lehrer erläutert knapp die vier Schritte:
  1. »*Wenn du …«:* Benenne sachlich das Verhalten, das dich stört.
  2. »*bin ich …«:* Nenne das Gefühl, das das Verhalten bei dir auslöst.
  3. »*weil …«:* Begründe, warum dich das Verhalten stört.
  4. »*und ich möchte …«:* Sage, welches Verhalten du dir in Zukunft vom anderen wünschst.

3. Phase: Training – »Wir üben die begründete Ich-Botschaft«

Ein Beispiel für alle

Anschließend wird die begründete Ich-Botschaft am Beispiel der im Rollenspiel gezeigten Situation geübt. Dafür geht ein Kind an die Stellwand oder Tafel, setzt sich auf den ersten Stuhl (»Wenn du …«) und ergänzt den Satzanfang (»Wenn du meine CD ausleihst und sie mir verkratzt wiedergibst, ohne etwas zu sagen«). Dann geht es einen Schritt weiter zum nächsten Stuhl (»bin ich traurig«) und so weiter, Stuhl für Stuhl.

Alternativ können vier Hula-Hopp-Reifen auf den Boden nebeneinander gelegt werden und vor jeden Reifen ein Schild mit einem der Satzanfänge gestellt werden. Das Kind, das die begründete Ich-Botschaft formuliert, beginnt im ersten Reifen und geht von Reifen zu Reifen. So werden die vier Schritte der begründeten Ich-Botschaft *schrittweise* entwickelt. Hilfreich ist es, wenn die Lehrkraft an einem Beispiel vormacht, wie es geht.

Im Anschluss daran dürfen weitere Kinder versuchen, eine begründete Ich-Botschaft für die Rollenspielszene zu formulieren.

KV 18a

⇨ S. 161

Alle Kinder üben

Mithilfe eines Arbeitsblatts (KV 18a) üben schließlich alle Kinder die begründete Ich-Botschaft in Partnerarbeit. Anschließend bekommen die Kinder Gelegenheit, eine der auf dem Arbeitsblatt formulierten begründeten Ich-Botschaften vorzutragen. Bei jüngeren Kindern ist es sinnvoll, wenn sie sich vor den jeweiligen Satzanfang oder in den entsprechenden Ring stellen.

KV 18b

⇨ S. 162

Statt eines Arbeitsblattes verwendet man bei jüngeren Schüler/innen besser Situationskärtchen. Dafür wird KV 18b laminiert und die Kärtchen werden ausgeschnitten. Aus zwei bis drei Kärtchen wählen die Kinder eine Situation aus.

Die zuhörenden Kinder erhalten die Aufgabe, darauf zu achten, ob folgende *Regeln* eingehalten werden:

- keine Beschuldigungen
- keine Verallgemeinerungen
- Ich-Botschaft statt Du-Botschaft

Reflexion

Am Ende setzt sich die Klasse im Sitzkreis zusammen. Leitfragen einer kritischen Reflexion können sein:

- Was denkst du über die heute kennengelernte Möglichkeit, auf Ärger oder Enttäuschung zu reagieren?
- Was fällt dir oder anderen noch schwer, wenn ihr eine begründete Ich-Botschaft formulieren wollt?
- In welchen Situationen können wir die begründete Ich-Botschaft im Klassenrat gebrauchen?
- Was kannst du tun, wenn du im Ärger etwas gesagt hast, was dir später leid tut?

6.3 Begründete Ich-Botschaft für Grundschüler/innen: die »Giraffensprache«

»Wenn du mich in der Pause nicht mitspielen lässt, bin ich traurig, weil ich dann denke, dass du nicht mehr mein Freund bist. Ich wünsche mir, dass du mich mitspielen lässt.« »Wenn du einfach Stifte von mir nimmst, ohne mich zu fragen, werde ich wütend. Ich möchte, dass du nicht mehr an meine Sachen gehst und mich fragst, wenn du etwas von mir leihen möchtest.«

Grundschulkinder können lernen, ihre Anliegen in Sätzen wie diesen vorzutragen. Sie erleben, dass solche Formulierungen Wege zu einer friedlichen Lösung eröffnen – anders, als wenn sie sagen würden: »Ey, lass mein Mäppchen in Ruhe, sonst gibt's Ärger!« oder »Wenn du mich nicht mitspielen lässt, bin ich nicht mehr dein Freund!«

Grundsätzlich lässt sich bereits mit Grundschulkindern die begründete Ich-Botschaft so einüben, wie in Abschnitt 6.2 beschrieben. Als kindgerechten Einstieg empfehle ich allerdings die Arbeit mit der »Giraffensprache«. Die auf Marshall B. Rosenberg (Gewaltfreie Kommunikation, GFK) zurückgehende Bezeichnung »Giraffensprache« steht für eine Haltung, die der/dem Konfliktpartner/in gegenüber offen und freundlich, respektvoll und darum bemüht ist, die Gefühle und Beweggründe des anderen zu verstehen. Den symbolhaltigen Namen verdankt die »Giraffensprache« der Tatsache, dass die Giraffe unter den heute lebenden Landtieren dasjenige mit dem größten Herzen ist.

Der folgende Vorschlag zur Einführung der Giraffensprache basiert auf einer Unterrichtseinheit der Publikation »Achtsamkeit und Anerkennung. Materialien zur Förderung des Sozialverhaltens« der Bundeszentrale für gesundheitliche Aufklärung (2002, S. 40–55). In diesem kostenfrei bei der BZgA zu beziehenden Material findet sich eine umfangreiche Einheit zur Giraffen- und zur Wolfssprache.[5] Zu beachten ist: Der Begriff »Giraffensprache« sollte zu Beginn der Einheit noch nicht erwähnt werden – sonst funktioniert Schritt 2 der Einführung (Rätselfrage) nicht. Das Modell eignet sich für den Unterricht ab Mitte der 2. Klasse.

Einstieg: Was tut dem Herzen gut?

Das Herz steht symbolisch für unsere Gefühle. Daran knüpft der Einstieg an: »Wir lernen in den nächsten Tagen und Wochen, wie wir besser und rücksichtsvoller miteinander umgehen können. Dabei spielt die Art und Weise, wie wir miteinander sprechen, eine wichtige Rolle. Unser Ziel sollte es sein, dass es allen in der Schule gut gehen kann. Wenn wir uns wohlfühlen, jemanden mögen und schöne Gefühle haben, dann sagen viele: Diese Gefühle kommen aus dem Herzen. Stellt euch einmal ein großes Herz vor. Was muss in diesem Herzen alles Platz haben, damit ihr euch wohlfühlen könnt? Was braucht ihr, damit es euch gut geht?« (Formulierung in Anlehnung an BZgA 2002, S. 43).

Wann fühle ich mich wohl? – in der ersten Phase der Einheit geht es noch nicht um die »Giraffensprache«, sondern allgemein um Verhaltensweisen, die der/dem Einzelnen gut tun.

---

5 Auf die Arbeit mit dem umstrittenen Begriff der Wolfssprache – die damit verbundenen Verhaltensweisen stehen z. T. im Widerspruch zu biologischen Erkenntnissen über das Wesen des Wolfes – wird hier verzichtet.

Zunächst werden mündlich Assoziationen gesammelt. Dafür stellt sich die Klasse in einen Kreis, ein Kind erhält einen kleinen Ball und nennt seine Idee. Anschließend wirft es den Ball einem anderen Kind zu, das daraufhin seinen Einfall nennt. Die »Wohlfühlbedingungen« werden lediglich genannt, nicht kommentiert oder gar korrigiert. Das Spektrum möglicher Antworten ist groß: von »leckeres Essen« bis »akzeptiert werden, so wie ich bin«.

Anschließend erhält jedes Kind ein ausgeschnittenes Herz im Format DIN-A4 oder ein weißes DIN-A4-Blatt mit der Aufforderung, ein großes Herz aufzumalen. Der Impuls lautet: »Stell dir ein großes Herz vor: Schreibe in dieses Herz alles, was du brauchst, damit du dich wohlfühlst und gerne auf der Welt bist.« Ihre Gedanken notieren die Kinder auf dem Herzen, in Stichworten oder in Form kleiner Zeichnungen.

Nach der Einzelarbeitsphase werden die Blätter ausgelegt, sodass alle Kinder sehen können, was ihren Mitschüler/innen gut tut.

Einführung der Giraffensprache: Welches Tier hat das größte Herz?

Übergeleitet wird mit einer Rätselfrage: »Welches Landtier hat das größte Herz?«

In einer kurzen Murmelphase diskutieren die Kinder die Frage mit ihren Sitznachbar/innen, dann dürfen sie ihre Ideen vortragen und begründen. Im Rateprozess ist auf Nachfrage zu klären, dass es ausschließlich um auf dem Land lebende Tiere geht und um die tatsächliche Größe des Herzens, nicht um die Relation Körper – Herz. Die richtige Lösung lautet: Das größte Herz unter allen Landtieren besitzt die Giraffe. Das Herz einer Giraffe wiegt bis zu 12 Kilogramm (zum Vergleich: Das menschliche Herz wiegt etwa 300 Gramm) und pumpt bis zu 75 Liter Blut pro Minute durch den Blutkreislauf.[6]

Die Auflösung des Rätsels wird mit einer kurzen Darstellung besonderer Eigenschaften der Giraffe verbunden:

Die Giraffe

- braucht ein großes Herz, um das Blut durch den langen Hals bis in ihren Kopf zu pumpen,
- hat einen so langen Hals, dass sie die Welt von oben sieht – sie erkennt Dinge, die andere nicht sehen können, und hat Abstand zu dem, was um sie herum geschieht,
- nimmt den anderen Tieren kein Futter weg – sie frisst die Blätter, an die andere nicht herankommen,
- lebt friedlich mit den anderen Tieren.

6 Vgl. www.tierenzyklopaedie.de/tiere/giraffe.html (o. J.)

Mit Grundschulkindern kann man die besonderen Eigenschaften der Giraffe auch entwickeln: Einige Kinder steigen auf ihren Stuhl oder Tisch und beschreiben, wie es ist, so hoch über den Mitschüler/innen.

Anschließend wird die Giraffensprache eingeführt:

> Wir sprechen von der ›Giraffensprache‹, wenn Menschen ein großes Herz haben, wenn sie ehrlich und freundlich sind und versuchen, die/den anderen zu verstehen. Die Giraffe zeigt, was sie fühlt und was sie braucht. Die Giraffensprache hilft, wenn wir uns streiten oder unterschiedliche Meinungen haben.
>
> (vgl. BZgA 2002, S. 44)

Merkmale der Giraffensprache

»Wenn ich mich über jemanden ärgere und ihm das sagen möchte – wie kann ich das in der Giraffensprache tun? Denkt daran: Die Giraffe hat ein großes Herz, sie versucht, die/den anderen zu verstehen, und ist freundlich, auch wenn sie sich ärgert.«

Diese Frage sollen die Kinder nun in Kleingruppen bearbeiten. Konkret lautet ihre Aufgabe: »Überlegt in eurer Gruppe: Wenn wir einen Streit haben – wie spricht man dann in der Giraffensprache mit der/dem Streitpartner/in? Einigt euch auf die drei wichtigsten Regeln, wie man seinen Ärger in der Giraffensprache ausdrücken kann. Schreibt die Regeln auf. Nehmt dabei für jede Regel einen eigenen Zettel.« Die Gruppen werden nach dem Zufallsprinzip zusammengestellt.

Nach etwa 15 Minuten werden die Ergebnisse der Gruppen vorgetragen, und zwar nach der Moderationsmethode: Eine Gruppe beginnt, liest ihre Kärtchen vor, erläutert ihre drei Regeln knapp und hängt die Karten anschließend an eine Stellwand oder die Tafel. Beim Aushängen der Regeln wird darauf geachtet, dass Karten mit ähnlicher Aussage untereinander angebracht werden. Anschließend wird für mehrfach genannte Punkte eine gemeinsame Formulierung gesucht, beispielsweise, indem eine besonders gelungene Karte ausgewählt wird.

Bei jüngeren Schüler/innen kann man nun eine Giraffenhandpuppe auftreten lassen. Die Giraffe geht zur Tafel, liest sich die Regeln durch und würdigt die Vorschläge. Dann erzählt sie, wie sie sich verhält, wenn sie sich über jemanden ärgert. Sie kann auch schildern, was sie bei anderen Tieren beobachtet, z. B. bei dem Löwen, der immer behauptet, recht zu haben, und sich im Streit groß macht, brüllt und den anderen Tieren Angst einjagt. Das gefalle ihr gar nicht.

Wenn sie von sich erzählt, dann zeigt die Giraffe an einem Beispiel auf, wie sie sich in Konflikten verhält. Sie interessiere sich dafür, wie die/der andere die Situation erlebe, und sage ihm, wie sie selbst das Problem wahrgenommen habe. Anschließend bringe sie zum Ausdruck, wie sie sich den Umgang miteinander wünsche, und bemühe sich um eine Lösung, die beiden Konfliktparteien gefalle.

Die Darstellung orientiert sich an den Schritten der gewaltfreien Kommunikation. Am Ende schenkt die Giraffe den Kindern ein Plakat, auf dem die »Merkmale der Giraffensprache« stehen:

KV 20a ⇨ S. 165

Merkmale der Giraffensprache

Ich sage der/dem anderen, was mich stört, ohne sie/ihn zu beleidigen.
Ich sage, was ich fühle.
Ich sage, was ich mir für die Zukunft wünsche.

Am Ende üben die Kinder die begründete Ich-Botschaft. Anregungen für diese Übungsphase finden sich oben im Abschnitt »Training – ›Wir üben die begründete Ich-Botschaft‹ «. Gut eignet sich auch die im Folgenden dargestellte Arbeit mit den »Friedensfüßen«.

KV 16a ⇨ S. 158

Im Klassenrat sollten die Kinder dazu angeregt werden, ihre Kritik so vorzutragen, wie sie es in der Einheit »Giraffensprache« gelernt haben. Dafür kann es hilfreich sein, das Blatt »Merkmale der Giraffensprache« oder bei jüngeren Kindern einfach ein Bild mit Giraffen auszuhängen. Darauf wird Bezug genommen, wenn Kinder andere kritisieren, indem sie zur Selbstreflexion angeregt werden: »Überlege: Hast du in der Giraffensprache gesprochen?« oder gebeten werden, ihr Anliegen konstruktiv vorzutragen: »Versuche doch mal, das, was dich stört, in der Giraffensprache auszudrücken.«

KV 20a ⇨ S. 165

KV 20b ⇨ S. 166

Tipp

Kinder benennen eigene Konfliktthemen

Statt Probleme vorzugeben (vgl. KV 16a), werden die Schüler/innen aufgefordert zu sagen:

- An welchen Orten in der Schule entsteht häufiger Streit?
- Wann gibt es Streit zwischen Kindern an unserer Schule?
- Worum geht es beim Streit unter Kindern?

Typische Streitfälle werden an der Tafel gesammelt. Für das Üben der begründeten Ich-Botschaft wählen die Kinder anschließend eine Situation der aufgeführten Beispiele aus.

6.4 Schritte der konstruktiven Konfliktlösung: die Friedensfüße

Das Kollegium der Albert-Schweitzer-Schule in Langen (www.albert-schweitzer-schule-langen.de/aktuell.html) hat eine Visualisierung für die Schritte der Konfliktlösung gefunden: die Friedensfüße. Sie finden sich als Kopiervorlage im Anhang.[7] Auf sechs laminierten Blättern in Fußform wird jeweils ein Auftrag oder eine Frage formuliert. Die Schritte entsprechen den Phasen der Mediation:

KV 21a–c

⇨ S. 167–169

- Schritt 1: Schilderung des Problems aus der Perspektive der Betroffenen
- Schritt 2: Erläuterung: Was bewirkt das kritisierte Verhalten bei der/dem Betroffenen? Welche Gefühle löst es aus?
- Schritt 3: Entwicklung von Lösungsideen
- Schritt 4: Vereinbarung einer Lösung, der beide Konfliktparteien zustimmen können
- Schritt 5: Zeichen der Versöhnung

Jede Klasse verfügt über zwei Sätze der »Friedensfüße«, einen in der Farbe Orange, einen in der Farbe Grün, zur besseren Unterscheidung.

Die Kinder stellen sich gegenüber voneinander auf und legen abwechselnd je einen Fußabdruck nach dem anderen auf den Boden und nähern sich so langsam der Klärung des Streits. Erfahrene Kinder kürzen auch ab und kommen nach der Erläuterung des Problems gleich zum Punkt: »Was wünsche ich mir?« Auch kann es sinnvoll sein, dass ein Kind, das kritisiert wird, die Schritte 1 und 2 überspringt, da diese

7 Ich danke dem Kollegium der Albert-Schweitzer-Schule Langen mit seiner Schulleiterin Barbara Busch für die Idee der Friedensfüße und dafür, dass ich die Methode publizieren darf.

sich vor allem für das Kind anbieten, das ein Problem vortragen möchte. Zum Schluss stehen die Kinder voreinander, können sich entschuldigen, einander die Hand geben, sich umarmen oder eine andere Geste der Versöhnung zeigen.

Da viele Konflikte in Pausen entstehen und die Kinder gelernt haben, die meisten Probleme mithilfe der Friedensfüße eigenständig zu lösen, sind an der Albert-Schweitzer-Schule auch im Bauwagen auf dem Schulhof Friedensfüße für Pausenkonflikte zur Ausleihe erhältlich.

6.5 Was ist eine gute Lösung?

Eine gute Lösung ist grundsätzlich dadurch gekennzeichnet, dass sich am Ende nicht eine Konfliktpartei als Gewinner empfindet und die andere als Verlierer. Ziel ist stattdessen eine »Win-win-Lösung«. Sie ist dann erreicht, wenn der Konflikt geklärt werden konnte und die von gegenseitiger Akzeptanz geprägte Beziehung der beiden Konfliktparteien erhalten geblieben ist. Eine schülergerechte Form, um für dieses Problem zu sensibilisieren, ist die Auseinandersetzung mit der »Geschichte von den beiden Eseln« (nach Altenburg 2005, S. 29).

In dieser Bildergeschichte geht es um zwei hungrige Esel. Hinter beiden liegt ein Berg Hafer; die Esel sind jedoch mit einem Seil so verbunden, dass sie den Hafer nur erreichen können, wenn einer von ihnen sich auf den anderen zubewegt.

KV 22a

⇨ S. 170

Die Arbeit mit der »Geschichte von den beiden Eseln« kann so aussehen:

1. Die Bilderfolge wird, auf Folie kopiert, präsentiert. Zunächst sollen die Kinder schildern, was sie sehen.
2. Dann wird danach gefragt, wie die Geschichte weitergehen könnte. In der Theorie wissen die meisten Kinder, wie eine »gute Lösung« in einem Streit aussieht, deshalb kommen sie in der Regel schnell darauf, dass die Esel sich zunächst gemeinsam dem einen, anschließend dem anderen Haferberg zuwenden sollten. In diesem Fall ist es wichtig weiterzufragen: Welche Lösungen gibt es noch?

KV 22b

⇨ S. 171

3. Sind alle möglichen Konfliktlösungen genannt, wird eingesetzt: eine Abbildung der möglichen Konfliktausgänge mit Denkblasen. Das Ausfüllen der Denkblasen veranlasst die Kinder dazu, sich in den unterschiedlichen dargestellten Situationen in die Esel hineinzuversetzen. Sie können die Arbeitsblätter entweder in Einzel- bzw. Partnerarbeit ausfüllen oder in Form eines stummen Monologs mit der gesamten Klasse. In diesem Fall wird jede der drei Szenen (Lösungsansätze mit Denkblasen) auf ein Blatt im DIN-A3-Format kopiert, von jedem Motiv werden vier Exemplare angefertigt. Die Blätter

Die Geschichte von den beiden Eseln

Beide Esel möchten Hafer fressen:

Konfliktausgänge:

Verlierer – Verlierer: Beide Esel sind Verlierer, da keiner den Hafer bekommt. Bei diesem Konfliktausgang tragen alle Beteiligten einen Schaden davon oder sie verlieren ihre Freundschaft.

Gewinner – Verlierer: Nur der stärkere Esel bekommt etwas zu fressen, der andere Esel geht leer aus. Wenn ein Beteiligter in Konfliktsituationen gewinnt und der andere verliert, ist die Wahrscheinlichkeit groß, dass der Konflikt weitergeht, da sich beispielsweise der Verlierer rächen will.

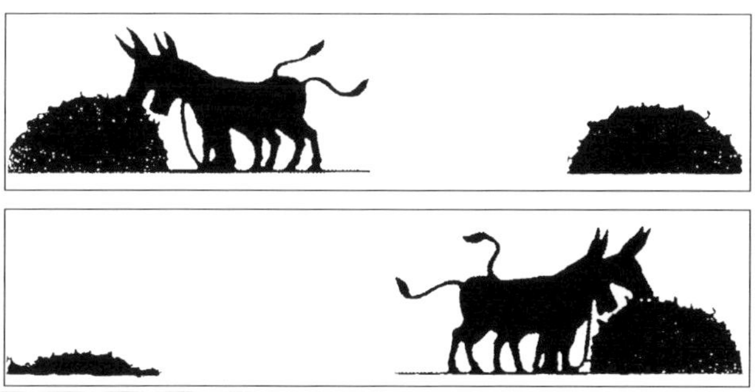

Gewinner – Gewinner: Beide Esel fressen gemeinsam die zwei Haferballen auf. Wenn die Beteiligten den Konflikt klären, gehen beide als Gewinner aus der Situation hervor und die Erhaltung der Beziehung ist möglich.

Illustrationen aus: Stundenbilder für den Verkehrsunterricht. Aggressionen im Straßenverkehr. Bonn: Deutsche Verkehrswacht, 1984.

werden im Raum verteilt auf Tischen ausgelegt. Nun kann jedes Kind herumgehen und eigene Ideen eintragen, wo es möchte. Anschließend erhalten die Schüler/innen Zeit, um die Eintragungen zu lesen.

4. Um die grundlegenden Unterschiede zwischen den Konfliktausgängen zu erkennen bzw. zu konkretisieren, erhalten die Kinder am Ende die Aufgabe, folgende Überschriften zuzuordnen: »Gewinner – Gewinner«, »Verlierer – Verlierer«, »Gewinner – Verlierer«. Ab Klasse 5 bietet es sich an, die englischen Begriffe »win-win«, »loose-loose« und »win-loose« zu verwenden, da sie gebräuchlich und besonders prägnant sind, insbesondere die Bezeichnung »Win-win-Situation«.
   Die Bilderfolge mit Titeln – oder nur die Darstellung der »Win-win-Situation« – kann im Klassenraum aufgehängt werden, sodass man bei der Lösungssuche in realen Konflikten darauf zurückkommen kann: Fühlt ihr euch jetzt beide als Gewinner – wie unsere beiden Esel? Oder, an die beiden Kontrahenten in einer Auseinandersetzung gewandt: »Wenn ihr euch die Konfliktausgänge der Eselgeschichte anseht – in welchem Esel findest du, Katrin, dich wieder und in welchem du, Sven?«

7. Klassenrat in der Grundschule

Partizipation ist kein Privileg, das ein bestimmtes Mindestalter voraussetzt – das Recht auf Mitbestimmung ist ein wesentlicher Bestandteil der Kinderrechte:

> Kinder haben das Recht, bei allen Fragen, die sie betreffen, sich zu informieren, mitzubestimmen und zu sagen, was sie denken.
>
> (zit. nach: Makista 2009, S. 13)[8]

Dass man als Kind wirklich mitreden darf, Kritik äußern und Einfluss auf Entscheidungen nehmen kann, und wie das funktioniert, muss erst einmal gelernt werden. Der Klassenrat ist ein hervorragender Ort dafür. Grundsätzlich gilt für den Klassenrat an Grundschulen dasselbe wie für weiterführende Schulen, deshalb ist dieses Kapitel lediglich als Ergänzung des in den vorangehenden Kapiteln Gesagten zu verstehen. Es werden folgende Fragen behandelt:

- Wann kann ich in der Grundschule mit dem Klassenrat beginnen – und gibt es »Vorformen«, um auf Erfahrungen »im Kleinen« aufbauen zu können?
- Welche Fähigkeiten brauchen die Kinder für den Klassenrat und wie erlangen sie diese?
- Auf welche Weise können Kinder beim Leiten des Klassenrats unterstützt werden?
- Wie verhalte ich mich als Grundschullehrer/in im Klassenrat angemessen?

7.1 Wann kann ich mit dem Klassenrat beginnen – und wie?

Bereits Erstklässler sind in der Lage, Klassenrat abzuhalten – sie nutzen und schätzen diese Stunden. Wer sich nicht vorstellen kann, wie Sechs- und Siebenjährige Klassenrat halten, sei auf einen wunderbaren Film verwiesen, der den Klassenrat der Albert-Schweitzer-Schule Lan-

8 Kurzfassung des Artikels 12 der Kinderrechte)

gen (Südhessen) dokumentiert und unter anderem dabei zusehen lässt, wie eine erste Klasse mit fast heiligem Ernst ihren Klassenrat praktiziert (Gewaltprävention und Demokratielernen (GuD) 2012, Film 2: »Klasse 1d«).

Die Kinder brauchen den Klassenrat, denn sie haben Wünsche, sie empfinden Freude und Ärger. Sie entwickeln sich im gemeinsamen Nachdenken über ihr Zusammenleben und sie gewinnen an Selbstvertrauen, wenn sie erleben, dass ihre Beiträge etwas bewirken. Der Klassenrat unterstützt das einzelne Kind dabei, ein Gemeinschaftsgefühl zu entwickeln, und hilft der Klasse, eine gute Klassengemeinschaft zu werden.

> Die Kinder können sich daran gewöhnen, ihre Fragen und Vorschläge zum gemeinsamen Leben und Lernen sowie ihre Sorgen und Konflikte selbst zu verhandeln. Sie lernen einander zuzuhören, gemeinsam planerische Schritte zu überlegen, nach Lösungen von Problemen zu suchen und den Schulalltag, die Raumgestaltung sowie die Angebote mitzugestalten.
> (Englisches Institut Heidelberg o. J., o. S.)

Wie kann man mit der eigenen Klasse in den Klassenrat einsteigen? Es gibt zwei grundsätzlich unterschiedliche Herangehensweisen, die im Folgenden vorgestellt werden.

7.1.1 Prinzip A: »Einfach beginnen!«

Ein Beispiel für dieses Prinzip findet sich in dem bereits erwähnten Film »Demokratielernen in der Schule. Klassenrat« (2012). Karin Gerstung, Lehrerin einer ersten Klasse der Albert-Schweitzer-Schule Langen, berichtet, dass sie den Klassenrat etwa vier Wochen nach der Einschulung eingeführt habe:

> Es ging ganz langsam los. Am Anfang habe ich den Klassenrat geleitet und den Kindern erklärt, wofür er da ist, was wir besprechen. Am Anfang haben wir auch viele Sachen geklärt, die die Situation in der Klasse betreffen, also zum Beispiel die Lautstärke beim Arbeiten, die Sitzordnung und alles, was unser Miteinander-Umgehen betrifft. Stück für Stück haben wir dann den Ablauf eingeführt, dass wir nach diesem Ablauf gearbeitet haben, und nach ungefähr acht Wochen haben die Kinder dann angefangen, den Klassenrat auch selber zu leiten.

Kurz nach den Herbstferien liegt der Klassenrat bereits in den Händen von Schülerinnen und Schülern, sie bringen ihre Themen ein und leiten die Sitzung.

»Das Amt des Präsidenten war ja dadurch vorgestellt, dass ich den Klassenrat geleitet habe und mich auch verhalten habe wie der Präsident. [...] Dadurch haben ja die Kinder schon mal das Vorbild gehabt, wie's geht, wie es gemacht wird« (2012). Nur das Protokoll wird noch durch die Lehrerin geführt – so gut und schnell können die Kinder noch nicht schreiben. Die ersten Kinder, die leiten dürfen, sucht am besten die Lehrkraft aus. Früh lässt sich erkennen, wer dazu bereits fähig ist. Grundsätzlich sollte man die Ansprüche nicht zu hoch ansetzen – es braucht Zeit, bis der Klassenrat gut läuft.

> Ich habe gute Erfahrungen damit gemacht, früh in Klasse 1 mit dem Klassenrat zu beginnen. Oft ist es zunächst mühsam, man sollte nicht den Mut verlieren. Demokratie kann nur durch Demokratie gelernt werden. Jetzt, Anfang der zweiten Klasse, beobachte ich, dass die Kinder den Klassenrat einfordern, die Kinder möchten ihn, was in der ersten Klasse durchaus nicht immer der Fall war. Sie haben die Erfahrung gemacht, dass er nützt. Und sie verhalten sich weitgehend diszipliniert, das ist ein Riesenunterschied zum 1. Schuljahr. Inzwischen haben sie auch den Ablauf wirklich internalisiert, weil wir uns immer an dasselbe Schema gehalten haben. Und sie haben verstanden, dass sie dort immer eine Lösung oder eine Regel für ihre Probleme finden können.
>
> (Nele Schubert, Klassenlehrerin einer zweiten Klasse an der Grundschule Iserbarg in Hamburg)

Im Laufe der Zeit nehmen die Schüler/innen oder auch ihr/e Lehrer/in wahr, dass an der einen oder anderen Stelle des Klassenrats noch Probleme bestehen. Dann wird dies im Klassenrat angesprochen und gemeinsam nach einer Lösung gesucht. Der Klassenrat ist ein Ritual, das für Veränderungen offen ist!

Die Idee der Fünferkette entsteht

Karin Gerstung erzählt von der Entwicklung des Klassenrats in ihrer ersten Klasse: »Stück für Stück haben wir dann auch Dinge dazugefügt, die's einfacher machen. Wir haben festgestellt: Oft verzählen sich die Kinder – fünf Kinder dürfen sagen: ›Was war schön in dieser Woche?‹, fünf dürfen sagen: ›Was war schwierig?‹ Oft verzählt man sich, da haben wir Ketten gemacht mit fünf Steinchen, damit man mitzählen kann und weiß: Jetzt sind die Fünf vorbei, jetzt muss ich das Thema wechseln.«

7.1.2 Prinzip B: »Vorbereitung schafft Sicherheit!«

Während einige Grundschullehrer/innen wie Karin Gerstung einfach in den Klassenrat einsteigen und darauf vertrauen, dass die Kinder an ihrem Beispiel lernen werden, nähern sich andere lieber langsam. Sie entwickeln die für den Klassenrat erforderlichen Fähigkeiten schrittweise, üben Fertigkeiten und führen bestimmte Rituale ein, die sich im Klassenrat später wie ein Puzzle zusammensetzen.

Wie kann die Einführung des Klassenrats vorentlastet werden? Im Morgenkreis können einzelne Elemente des Klassenrats bereits erlebt werden, Übungen zur Stärkung der kommunikativen Kompetenzen bereiten auf das konstruktive Bearbeiten von Problemen vor.

Beginn des Schultages mit dem Morgenkreis

Morgens trifft sich die Klasse im Stuhlkreis, um 10 bis 15 Minuten lang »anzukommen«. Die Mitte des Kreises kann mit einer bunten Decke, einer Kerze oder Öllampe, Blumen, einem Jahreszeitentisch oder Ähnlichem gestaltet sein. Hier gibt es bereits die erste Möglichkeit, Kinder zu beteiligen, indem man ihnen die Gestaltung der Mitte als Wochenamt überträgt.

z. B.

Was kommt in unsere Mitte?

Die Gestaltung der Mitte wird im Sitzkreis besprochen, im Rahmen des Morgenkreises. Das Gespräch läuft wie Planungsgespräche im Klassenrat (»Wünsche-Runde«) ab.

Bis zu diesem Zeitpunkt übernimmt die Lehrkraft die Gestaltung der Mitte. Diese kann aus einem niedrigen, quadratischen Tisch bestehen, von einer bunten Tischdecke bedeckt, mit einer Kerze, dem Klassenmaskottchen, einem Klangstab oder einer Triangel als Ruhesignal, dem Redestein und einem Gegenstand, der zur Jahreszeit passt – z. B. Blumen, die am nahe gelegenen Feldrand wachsen, oder nach den Ferien Muscheln.

Der Impuls: »Wie gefällt euch die Mitte in unserem Sitzkreis? Was seht ihr dort?« lenkt die Aufmerksamkeit der Kinder auf die Kreismitte. Anschließend können gemeinsam weitere Ideen zur Gestaltung dieser Mitte gesammelt werden. Die Lehrkraft schreibt mit und fasst die Vorschläge am Ende des Gesprächs zusammen. Dann stellt sie das Amt zur Verfügung: »Bislang habe ich unsere Mitte gestaltet, dabei könntet ihr das auch gut. Ich stelle mir vor, dass einige von euch Freude daran hätten, deshalb schlage ich vor, dass in Zukunft immer zwei von euch für die Mitte zuständig sind. Nach zwei Wochen wechselt dann dieses Amt.«

Die Gegenstände, die immer benötigt werden, verwahrt man in einer Kiste, die sich die »Deko-Kinder« vor dem Morgenkreis nehmen können. Sicher entwickeln die für das Amt verantwortlichen Kinder weitere Dekorationsideen und bringen dafür etwas mit – am Beginn des Morgenkreises bedankt sich die Lehrkraft bei ihnen für die schön gestaltete Mitte.

Die inhaltliche Gestaltung des Morgenkreises ist relativ offen, vielfältige Themen sind möglich – vom Erzählen von Erlebnissen über das Vorlesen aus einer fortlaufenden Lektüre bis hin zum Halten kleiner Referate zu Themen wie »mein Hobby«.

Als Vorbereitung auf den Klassenrat sollte der Morgenkreis mindestens folgende Elemente enthalten:

- Ritualisierte Begrüßung und Beendigung durch die/den Leiter/in des Morgenkreises: »Hiermit eröffne/beende ich den Morgenkreis.«
- Ritualisierter Ablauf: Dieser ist transparent, indem er z. B. an einer Wand aushängt.
- Verwendung eines Redegegenstands: Sprechen darf nur, wer den Redestein oder -ball in der Hand hält. Dies erleichtert es, das Zuhören zu üben.
- Positive Runde oder Lob- und Kritikrunde: Bei der positiven Runde kommen die Kinder nacheinander dran und nennen etwas, das ihnen im Laufe des letzten Tages oder der zurückliegenden Woche gut gefallen hat. Die Lob- und Kritikrunde lässt Kritik nicht nur zu, sondern lädt dazu ein, auch das zu benennen, was einzelnen nicht gefallen hat oder was sie belastet. Damit beschäftigen sich Kinder bereits mit Themen, die im Klassenrat eine große Rolle spielen: wertschätzende Anerkennung und Kritik.

⇨ S. 41

»Was war schön? Was war schwierig?«

Bei der Lob- und Kritikrunde erleben die Kinder, dass es normal und erwünscht ist, auch Kritisches anzusprechen, wenn man sachlich ist und andere nicht verletzt oder beleidigt: »Was war in der letzten Woche schön für dich? Was war für dich schwierig?« Dabei hilft ein vorgegebener Satzanfang: »Ich finde es schön/Ich habe mich darüber gefreut …«; »Ich fand es nicht schön/Für mich war schwierig …« Der ritualisierte Satzanfang übt, ohne dies zu thematisieren, das Sprechen in Form der Ich-Botschaft.

Anders als bei der positiven Runde kommen die Kinder nicht nach der Reihenfolge im Sitzkreis dran, sondern per Redekette: Wer spricht, darf anschließend das nächste Kind drannehmen, indem sie/er den Redegegenstand weitergibt. Dabei bewährt sich das Prinzip: Mädchen nehmen Jungen dran, Jungen nehmen Mädchen dran. Um zu verhindern, dass die Lob- und Kritikrunde zu lange dauert, die Aufmerksamkeit sinkt und es zu Wiederholungen kommt, kann die Zahl der Sprecher/innen begrenzt werden, so dürfen z. B. immer nur fünf Meldungen pro Runde drangenommen werden.

Wichtig – wenn auch nicht unmittelbar für den Klassenrat – ist ferner, im Morgenkreis die Aufmerksamkeit auf diejenigen zu richten, die nicht da sind: »Wer fehlt?« »Wer weiß etwas von Tim?« »Wer geht bei ihr/ihm vorbei oder ruft an?« Dies fördert Fürsorglichkeit und vermittelt kranken Kindern das gute Gefühl, dass an sie gedacht wird. Auch wenn du nicht da bist, denken wir an dich – und tragen Sorge dafür, dass du über das, was wir heute machen, informiert wirst! Unterstützend kann auf einer kleinen Tafel das Kind, das fehlt, notiert werden und in Klammern dahinter das Kind, das sich hauptverantwortlich um die/den Fehlende/n kümmern wird.

Themen sammeln
Worüber können Grundschulkinder im Klassenrat sprechen? In einem Brainstorming kann dies gemeinsam mit den Kindern entwickelt werden, denn viele müssen erst einmal begreifen, in welchen Bereichen der Schule Mitsprache möglich ist. Dabei geht es nicht darum, eine Tagesordnung für den nächsten Klassenrat zu entwickeln, sondern die Fantasie der Kinder zu beflügeln, beispielsweise mit folgendem Impuls:

> Einer Freundin von mir, die nicht Lehrerin ist, habe ich erzählt, dass wir Klassenrat halten und dass ihr dort Wünsche für unsere Klasse und unsere Schule nennen könnt. Da hat sie mich gefragt: ›Was können sich denn Kinder für ihre Klasse und ihre Schule wünschen? Was wollen sie dort machen und was wollen sie verändern?‹ Ich habe ihr versprochen, dass ich euch mal danach frage: Welche Themen können Kinder im Klassenrat als Wunsch anschreiben?

Zum Brainstorming kann sich die Klasse in einen Kreis stellen. Ein Kind beginnt. Es bekommt einen weichen Ball in die Hand, nennt ein Thema und wirft den Ball dann einem anderen Kind zu, das sich gemeldet hat und das nun seine Idee nennt. Dann erhält das nächste Kind den Ball.

7.2 Vorbereitung durch gezielten Kompetenzerwerb

Auf drei weitere Aspekte sei an dieser Stelle hingewiesen, die sowohl in der Vorbereitung auf den Klassenrat als auch begleitend erarbeitet werden können, um die kommunikativen Fähigkeiten der Kinder zu erweitern:

⇨ S. 77ff.

- Wie die/der andere mit meiner Kritik umgehen kann, hängt wesentlich davon ab, wie ich diese vortrage – die »nichtverletzende Ärgermitteilung« können Grundschüler/innen gut mithilfe der Giraffensprache lernen.

⇨ S. 79ff.

- Die Schritte der konstruktiven Konfliktbearbeitung können mithilfe der »Friedensfüße« visualisiert und eingeübt werden.

⇨ S. 80ff.

- Bei guten Lösungen gibt es keine Verlierer: Anhand der »Geschichte von den beiden Eseln« wird erarbeitet, dass am Ende eines Konflikts eine Win-win-Lösung stehen sollte. Und die Kinder werden angeregt, bei Konfliktgesprächen zu überlegen, ob ihre Lösung dem Win-win-Prinzip entspricht. Die Arbeit mit der »Geschichte von den beiden Eseln« macht erst dann Sinn, wenn die Kinder bereits über einige Erfahrungen mit Konfliktgesprächen verfügen, etwa zu Beginn der zweiten Klasse.

7.3 Wie wird die Sitzordnung festgelegt?

Wer sitzt im Kreis neben wem? Und wie kann man verhindern, dass es bei der Kreisbildung zu einem Gerangel um »gute« Plätze kommt?

Grundsätzlich sollten sich die Kinder nach einem regelmäßig angewandten System in den Kreis setzen, sonst entsteht unnötige Unruhe. ⇨ S. 26 Zunächst nehmen die Klassenratsleiter/innen ihren Platz ein, dann Protokollant/in, Zeitwächter/in und Ruhewächter/in. Die Leiter/innen können einen Hocker oder kleinen Tisch vor sich stellen, um ihre Unterlagen darauf abzulegen. Das hebt ihre besondere Position hervor und erleichtert den Überblick. Dann sind die anderen Kinder dran.

Bei jüngeren Schüler/innen und unruhigen Klassen kann die Entscheidung für eine feste Sitzordnung angemessen sein. Die Sitznachbar/innen sind vertraut, man muss sich nicht erst miteinander »bekannt« machen, sondern kann sich in Ruhe auf den Klassenrat einstellen. Für feste Plätze im Kreis spricht auch, dass der Zeitaufwand für das Erstellen des Sitzkreises minimal ist; Verzögerungen können Unruhe zur Folge haben. Einen ähnlichen beruhigenden Effekt hat die Sitzordnung nach Tischgruppen. In diesem Fall setzen sich nicht alle Kinder zeitgleich in den Kreis, sondern nacheinander jeweils eine (Tisch-)Gruppe.

Sitzen nach Tischgruppen

Voraussetzung für diese Sitzordnung ist, dass die Schüler/innen im normalen Unterricht an festen Tischgruppen sitzen. Jede Tischgruppe erhält einen Namen und ein zu dem Namen passendes Symbol: ein Tier, einen Buchstaben, eine Farbe oder Ähnliches. Für jedes Symbol gibt es ein Kärtchen. Die Karten werden gemischt, verdeckt gehalten, dann darf ein Kind ein Kärtchen ziehen. Wird das Kärtchen mit dem Symbol Erdmännchen gezogen, dann darf sich die Tischgruppe »Erdmännchen« in den Kreis setzen. Anschließend wird das nächste Kärtchen gezogen.

Der Rhythmus bestimmt

Die folgende Methode »mischt« die Kinder auf spielerische Weise durcheinander. Jede/r sitzt einmal neben anderen, das wirkt der Verfestigung von Kleingruppen entgegen. Der Klassenlehrerin meines ältesten Sohnes aus Grundschulzeiten, Carola Dumann aus Hemmingen, verdanke ich folgende Idee: Die/der Lehrer/in klatscht einen Rhythmus, beispielsweise »kurz-kurz-lang«. Alle Kinder, deren Namen diesem Rhythmus entsprechen – in diesem Fall: Jo-na-than, Ma-nu-el, Ma-ri-on –, dürfen sich einen Platz im Kreis suchen. Anschließend wird ein neuer Rhythmus geklatscht. Bald schon können Kinder es selbst übernehmen, den Rhythmus anzugeben.

Als ich diese Methode miterleben konnte, hat mich beeindruckt, wie konzentriert und freudig die Kinder bei der Sache waren. Aus der einfachen Aufgabe, einen Stuhlkreis zu bilden, wird ein reizvolles Spiel, und nebenbei schult es das Rhythmusgefühl der Kinder. Im Deutschunterricht kann man darauf aufbauen, von der Silbentrennung bis zur Bestimmung des Metrums bei der Lyrikinterpretation.

7.4 Die Leitung unterstützen – den Ablauf visualisieren

KV 1

⇨ S. 123

Kinder können Klassenrat leiten, weil er eine ritualisierte Struktur und klare Regeln hat. Den Ablauf bekommen die Kinder ausgehändigt, damit sie sich daran orientieren können. In Klasse 1 und 2 reicht es oft nicht aus, der Klassenratsleitung ein Blatt mit dem Ablauf des Klassenrats in die Hand zu geben. Deshalb seien zwei Alternativen genannt:

7.4.1 Die Tagesordnung an der Leine

KV 6a–f

⇨ S. 129–134

Wenn Kinder noch nicht lesen können, visualisiert man die Phasen des Klassenrats in ihrer Abfolge an der Wand, z. B. indem DIN-A4-Blätter mit einem Symbol (Igel) für je eine Phase des Klassenrats an einem Seil, mit Wäscheklammern befestigt, aufgehängt werden. Dafür druckt man die Abbildungen »Phasen des Klassenrats« im DIN-A4-Format aus. Aus Gründen der Übersichtlichkeit können Begrüßungs- und Abschlussformel sowie die Abfolge der Schritte von Kritikgesprächen ausgespart werden. Die Reihenfolge sollte dem Handzettel, der den Schüler/innen zur Verfügung steht, entsprechen (Elemente, die möglich sind, aber nicht zwingend erforderlich, sind im Folgenden kursiv gedruckt):

- *positive Runde bzw. Lob- und Kritikrunde (nur Blitzlicht, keine Diskussion)*
- Verteilen der Ämter (Schriftzug »Ämter«)
- Verlesen des Protokolls (Igel liest Protokoll)
- *Wenn er stattgefunden hat: Bericht aus dem Klassensprecherrat*
- Besprechung der Wandzeitung (zwei Igel halten Schild »Wandzeitung«)

- Lob (Igel mit Sprechblase: »Ich lobe …«)
- Kritik (Igel 1 und 2)
- Wünsche (Igel mit Sprechblase: »Ich wünsche …«)
- *Rückmeldungen an die Leitung*

7.4.2 Das Tagesordnungsmännchen[9]

Wo sind wir gerade im Ablauf? Jüngere Kinder haben noch Schwierigkeiten, den Überblick darüber zu behalten, an welcher Stelle des Klassenrats sie sich gerade befinden. Ebenso einfach wie wirkungsvoll ist folgende Idee: Der Ablauf wird auf DIN-A3 vergrößert und laminiert. Die Klassenratsleitung bekommt einen kleinen Tisch, den sie im Klassenrat vor sich stellt. Auf diesen Tisch wird der Ablauf gelegt, dazu eine Holzfigur (z. B. eine größere Setzfigur aus einem Spiel, einzeln zu erwerben in Spielzeuggeschäften oder als Rohling im Bastelbedarfshandel). Während des Klassenrats wird die Figur immer neben den Tagesordnungspunkt gesetzt, der gerade behandelt wird.

7.5 Als Lehrer/in im Klassenrat einer Grundschulklasse

»Brauchen mich die Kinder überhaupt im Klassenrat?« Dies könnte man sich fragen, wenn man erlebt oder hört, wie eigenständig die Schüler/innen spätestens in Klasse 2 ihren Klassenrat praktizieren. Die Antwort ist eindeutig: Ja! Die Kinder brauchen ihre/n Klassenlehrer/in unbedingt, auf unterschiedlichen Ebenen. Im Klassenrat werden Dinge besprochen und ausgehandelt, die die Kinder unmittelbar und oft sehr persönlich betreffen. Sie haben das Bedürfnis, dass ihr/e Lehrer/in dies mitbekommt.

Kinder, die ein Thema an die Wandzeitung bringen möchten, aber noch nicht gut genug schreiben können, dürfen ihr Anliegen der Lehrkraft diktieren – oder einem anderen Kind, das es für sie anschreibt. Unterschreiben können die meisten selbst.

Außerdem benötigen die Leiter/innen manches Mal Unterstützung. In der Anfangszeit sitzt die Lehrkraft am besten neben dem Kind, das leitet, um Fragen auf »kurzem Wege« klären und etwas unauffällig ins Ohr flüstern zu können, wenn es einmal »hakt«. Wenn viele Lösungsvorschläge für ein Problem genannt werden oder für die Umsetzung

---

9 Diese Idee verdanke ich Karin Gerstung und ihrer Klasse, sie findet sich in dem Film »Demokratielernen in der Schule. Der Klassenrat an der Albert-Schweizer-Schule, Langen.« Film 2: »Klasse 1d« (Gewaltprävention und Demokratielernen 2012).

eines Wunsches, dann hilft es, wenn die Lehrkraft ihre Hilfe anbietet: »Ich habe mitgeschrieben, was ihr vorgeschlagen habt. Soll ich es noch mal vorlesen?«

Mitunter gibt es Fragen, die den Entscheidungsspielraum der Kinder betreffen (Darf die Klasse entscheiden, dass der nächste Wandertag ins Schwimmbad geht?), oder Kinder widersetzen sich hartnäckig den Regeln des Klassenrats. Dann benötigt die Klasse die Hilfe ihrer Lehrer/innen. Wo dies möglich ist, da ist es gut, sich anzubieten, aber nicht aufzudrängen: »Möchtet ihr, dass ich das für euch kläre?« Auch das Protokoll führt die Lehrkraft so lange, bis das erste Kind in der Lage und motiviert ist, diese Aufgabe zu übernehmen. Um die Kinder dennoch einzubeziehen und ihnen auch eine Vorstellung davon zu vermitteln, wie das Protokollieren geht, liest die Lehrkraft am Ende des Klassenrats ihr Protkoll vor und vergewissert sich bei den Kindern, ob sie alles richtig wiedergegeben hat.

Grundsätzlich jedoch gilt für die Rolle der Lehrkraft im Klassenrat der Grundschule dasselbe wie für alle anderen Lehrer/innen: Sie sollten ihren Schülerinnen und Schülern viel zutrauen und zumuten, ihnen Verantwortung übertragen und Partizipation ermöglichen. Die letzte Verantwortung jedoch trägt die Lehrkraft.

8. Schwierigkeiten bedenken

Der Ausflug in die Entstehungsgeschichte des Klassenrats (Kapitel 5) hat einige Aspekte erkennbar werden lassen, die eine problembewusste Klassenratspraxis beachten sollte. Schwierigkeiten zeigen sich deutlicher, wenn man den Klassenrat als außenstehende Beobachterin bzw. außenstehender Beobachter wahrnimmt. Im Rahmen eines solchen empirischen Forschungsprojekts (Friedrichs 2004a; Friedrichs 2004b) wurde ich auf einige Probleme aufmerksam, die im Folgenden skizziert sind. Zwei Problemfelder wurden bereits angesprochen:

- die Schwierigkeit, eine angemessene Rolle als Lehrer/in zu finden und durchzuhalten (Kapitel 3.3.2), ⇨ S. 33
- die Frage, ob Strafen und Sanktionen verhängt werden dürfen (Kapitel 4.2.2). ⇨ S. 47–49

Lösungen für solche »Fehlentwicklungen« sind oft nicht leicht zu finden und immer vom Einzelfall abhängig. Allerdings ist es oft schon ein erster Schritt in Richtung einer Lösung, sich als Lehrer/in dieser Schwierigkeiten bewusst zu sein.

8.1 Probleme werden nicht vor den Klassenrat gebracht

Alle befragten Kinder schätzen den Klassenrat – und doch verzichten sie bei manchem Problem darauf, es vor den Klassenrat zu bringen. Warum? Vielfach ist Angst die Ursache dafür, dass ein Kind darauf verzichtet, ein Problem zu thematisieren. Diese Angst kann verschiedene Ursachen haben:

- die Sorge, die Eltern oder Schüler/innen aus Nachbarklassen könnten davon erfahren. Hier ist es wichtig, ausdrücklich zu vereinbaren, dass alles, was im Klassenrat besprochen wird, im Raum bleibt (auch als Lehrer/in muss man sich daran halten – und darf nicht beim nächsten Elternsprechtag Bezug auf etwas nehmen, was man im Klassenrat erfahren hat),
- die Sorge vor Rache außerhalb des Klassenrats,
- die Befürchtung, ein Problem könne stabilisiert werden, wenn es erst einmal laut ausgesprochen wurde; (Beispiel: Der kleinste Junge der

Klasse, der von einigen Mitschülern »Zwerg« genannt wird, befürchtet, von allen so gerufen zu werden, wenn er das Problem im Klassenrat benennt – diese Vorsicht spricht für Lebenserfahrung und ist zu respektieren),

- die Angst, mit dem eigenen Problem nicht ernst genommen zu werden – etwa, indem es von Jungen als »Mädchenproblem« stigmatisiert wird (vgl. dazu Kapitel 9.6).

⇨ S. 106

8.2 Löschung von Wandzeitungsnotizen aufgrund von sozialem Druck

Die ganze Woche über ist es möglich, Themen für den folgenden Klassenrat an der Wandzeitung festzuhalten. Einige Notizen kommen dennoch nie zur Sprache – sie werden noch vor dem Klassenrat wieder durchgestrichen. Warum?

Aus Lehrerperspektive zeigt sich hier, wie sinnvoll die Wandzeitung als Ventil für Ärger und Wut ist: »Das ist oft ein gutes Ventil, das auf die Wandzeitung zu schreiben und freitags ist es oft schon durchgestrichen. Hat sich erledigt, ne?« (Friedrichs 2004a, S. 226).

Die Perspektive von Schüler/innen kann aber ganz anders aussehen: Beispielsweise gehört Sevinc zum Kreis derer, die des Öfteren eine Kritik an die Wandzeitung schreiben und diese vor Ablauf der Woche wieder durchstreichen. Im vertraulichen Gespräch auf dieses Verhalten angesprochen, berichtet sie von einem Druck, dem sie auf Dauer nicht standhalten könne: Ihr Gegenpart Flori dringe so lange in sie ein, bis sie nachgebe. Druck von Mitschüler/innen kann also dazu führen, dass wichtige Themen unter den Tisch fallen.

8.3 Umfunktionalisierung der Wandzeitung

Die Wandzeitung ist eigentlich als Chance für Schüler/innen gedacht, eigene Anliegen, Wünsche und Kritik in den Klassenrat einbringen zu können. Dennoch wird sie – vorausgesetzt, es ist keine Lehrerin und kein Lehrer in der Nähe – nicht selten anders gebraucht, nämlich als Droh- und Racheinstrument.

Da hört man dann Sätze wie: »Wenn du mir mein Etui nicht sofort wiedergibst, dann schreibe ich dich dran!« Und im Klassenrat wird manchmal erkennbar, dass ein Kind ein anderes nur deshalb auf der Wandzeitung angeschrieben hat, weil das andere es zuvor ebendort kritisiert hat.

8.4 Klassenrat als »Gericht« in der Schule

In vielen Zügen erinnert Klassenrat an Gerichtsverfahren. Wie beim Gerichtsverfahren handelt es sich auch beim Klassenrat um ein System, das sich von der Umwelt deutlich unterscheidet: Es gelten eigene Verhaltensnormen und Sprachmuster, die räumliche Gestaltung ist eine spezifische. Auch wird ein »Unterschied von Innen und Außen« (Luhmann 1997, S. 41) konstituiert: Nur wer zur Klasse gehört und sich innerhalb des Kreises befindet, kann am Klassenrat teilnehmen. Von den Teilnehmenden wird erwartet, dass sie sich den im Klassenrat geltenden Normen und Regeln entsprechend verhalten. Die Beteiligten übernehmen Rollen, die spezifisch sind für den Klassenrat.

Schüler/innen, die den Vorsitz im Klassenrat haben, wird zugestanden, dass sie das Wort erteilen und zur Ruhe mahnen, zwischen zerstrittenen Mitschüler/innen vermitteln, ihnen bestimmte Verhaltensweisen nahelegen, eventuell auch Sanktionen verhängen. Zugleich werden an sie besondere Erwartungen gestellt: »Vorbild« zu sein und sich von einem Loyalitätsempfinden gegenüber den Freund/innen wie auch gegenüber der Geschlechtsgruppe frei zu machen – dies ist nicht nur für Kinder und Jugendliche eine hohe Anforderung.

Zwei Aspekte sind besonders zu beachten, da sie potenzielle Probleme für Schüler/innen darstellen:

- Eine Benachteiligung kognitiv schwächerer Schüler/innen kann durch den »Zwang zur Synchronisation« bewirkt werden (vgl. Luhmann 1997, S. 45 f.): In Gerichtsverfahren wie auch im Klassenrat haben alle Beteiligten einem gemeinsamen Tempo zu folgen. Wer weniger geschult bzw. geistig weniger flexibel ist, könnte unter Druck geraten und unreflektiert agieren. Eine Konsequenz kann laut Luhmann darin bestehen, gegebenenfalls eine Verlangsamung des Diskussionsprozesses zu bewirken.
- Wie das Gerichtsverfahren, so zielt auch der Klassenrat auf eine Wiederherstellung von Ordnung: Das Gericht stellt gesellschaftliche Ordnung wieder her, indem es Täter/innen überführt und isoliert. Genau dies darf im pädagogischen System Schule nicht passieren: Werden Kinder oder Jugendliche zu Recht kritisiert, dann besteht eine wesentliche pädagogische Aufgabe darin, sie im Anschluss an die »Verhandlung« wieder in die Gruppe der Mitschüler/innen zu integrieren. Sie dürfen selbst dann nicht zu Außenseiter/innen gemacht werden, wenn sie sich uneinsichtig zeigen.

Es ist nicht Ziel des Klassenrats herauszufinden, wer Schuld oder Recht hat. Vielmehr geht es darum, bei Schwierigkeiten gemeinsam nach Lösungen zu suchen, damit sich alle in der Klasse wohlfühlen und gut lernen können. Wie aber kann die schwierige Aufgabe der Reintegration praktisch geleistet werden? Hierzu zwei Beispiele aus der Praxis:

Der Kritisierte macht einen angerichteten Schaden wieder gut

Flori hat den Fahrradreifen eines Mitschülers beschädigt. Tabea schlägt vor: »›Dann können wir doch eigentlich so beschließen, dass du, Michael – du weißt ja jetzt, dass es Flori war – dass du irgendwann mittwochs mal in die Fahrradwerkstatt gehst und fragst, was an deinem Fahrrad gemacht werden muss.‹ Gleich bietet Flori an: ›Ich kann ihm ja helfen.‹ Die Lehrerin lobt: ›Bravo!‹« (Friedrichs 2004a, S. 213).

Flori bemüht sich um Reintegration, indem er seine Hilfe anbietet.

Humor als Möglichkeit der Reintegration

Oft erfüllen Kinder nur formal den Anspruch, sich bei anderen zu entschuldigen. Ein solcher Fall liegt auch hier vor. Flori soll sich entschuldigen – er schaut zu Boden »und sagt mit gleichgültig wirkender Stimme: ›Ich entschuldige mich dann also auch.‹ Da spricht [die Lehrerin] ihn schmunzelnd an: ›Und warum schaust du dir dazu meine Füße an?‹ Flori reagiert spontan: ›Weil sie so schön sind‹. Allgemeines Gelächter. Dann entschuldigt sich Flori richtig« (Friedrichs 2004a, S. 214).

Diese Szene steht beispielhaft dafür, was Klassenrat leisten kann: Die Lehrerin schlägt Flori durch die humorvolle Art und Weise, auf die sie die Unglaubwürdigkeit seiner Entschuldigung spiegelt, eine Brücke. Und Flori ist in der Lage, diese zu begehen.

9. Fragen aus der Praxis

In Fortbildungen zum Klassenrat werden einige Fragen regelmäßig gestellt – hier die Antworten auf diese »frequently asked questions«.

9.1 Wie führe ich in meiner Klasse den Klassenrat ein?

Grundsätzlich gibt es zwei Möglichkeiten: Entweder wird der Einführung des Klassenrats ein Training wichtiger Kompetenzen vorgeschaltet, oder die Durchführung des Klassenrats wird im Vertrauen darauf, dass die Kinder ihre Kommunikationsfähigkeit im Klassenrat mit zunehmender Praxis verbessern, ohne gezielte Vorbereitung begonnen (vgl. Kapitel 7.1).

⇨ S. 83ff.

Möglichkeit 1: »Learning by doing«

Ich vertraue auf das Prinzip »learning by doing« oder »trial and error«: Wenn ich eine neue Klasse übernehme, hänge ich gleich zu Beginn die Wandzeitung aus. Die Schüler/innen wollen wissen, was es damit auf sich hat, dies erkläre ich ihnen kurz. Die Schüler/innen sollten Folgendes wissen:

- Jede Woche wird Klassenrat abgehalten. Die Stunde ist im Stundenplan fest verankert.
- Alle Mitglieder der Klasse, Schüler/innen wie Lehrer/innen, haben die Möglichkeit, Anliegen für den Klassenrat auf der Wandzeitung zu notieren.
- Jeder Eintrag ist mit Namen zu unterschreiben: »gez. XY«. Behandelt werden nur Themen, die namentlich unterzeichnet sind.
- Man kann den Eintrag einer bzw. eines anderen unterstützen, indem man diesen unterschreibt.
- Ein neues Anliegen wird unter die vorhandenen geschrieben; in die-ser Reihenfolge werden die Themen später im Klassenrat behandelt (vorausgesetzt, die Tagesordnung folgt diesem Prinzip, vgl. Kapitel 3.2).
- Es wird erwartet, dass nur ernst gemeinte Anliegen auf die Wandzeitung geschrieben werden.

⇨ S. 29

⇨ S. 30

- Einträge sind sachlich zu formulieren – Beschimpfungen und Beleidigungen haben auf der Wandzeitung nichts zu suchen.

Darüber hinaus skizziere ich kurz, warum ich mit den Schüler/innen Klassenrat abhalten werde und wie dieser gestaltet wird. In den ersten Wochen leite ich den Klassenrat selbst, um den Schüler/innen durch Anschauung zu vermitteln, wie dieses Gremium funktioniert. Deshalb ist eine weitergehende Einführung nicht vonnöten.

⇨ S. 65

Ich vertraue darauf, dass Kinder mit wenig ausgeprägter sozialer Kompetenz am Vorbild anderer lernen werden. Wenn sich nach einem halben Jahr zeigen sollte, dass vielen Kindern weiterhin bestimmte elementare Fähigkeiten fehlen, schalte ich Stunden ein, in denen diese Kompetenzen anhand von Übungen trainiert werden.

Möglichkeit 2: Sozialtraining als Vorbereitung auf den Klassenrat

Bevor ich mit dem Klassenrat beginne, führe ich mit meiner Klasse ein Kommunikations- oder Sozialtraining durch. Ich lege Wert darauf, dass die Schüler/innen ein Vertrauensverhältnis aufgebaut haben, bevor sie sich auf den Klassenrat einlassen. Deshalb führe ich mit ihnen Spiele zum Kennenlernen sowie Übungen durch, mit denen kommunikative Kompetenzen trainiert werden:

- aktives Zuhören
- begründete Ich-Botschaft
- Giraffensprache

⇨ S. 65

Übungen zu diesen Bereichen finden sich in Kapitel 6. Für alle, die weitere Übungen für den Bereich des Sozial- und Kommunikationstrainings suchen, gibt es ein großes Angebot entsprechender pädagogischer Literatur (vgl. die »Tipps zum Weiterlesen«).

⇨ S. 114 ff.

9.2 Was können wir tun, wenn es zu laut ist?

Im Klassenrat geht es um Themen, die Schüler/innen direkt betreffen. Dies führt zu einem erhöhten Maß an Aufmerksamkeit – die Stunde ist den meisten Schüler/innen wichtig.

Dennoch sind auch dem Klassenrat Disziplinprobleme nicht fremd. Seitengespräche, Reinrufen, allgemeine Unruhe, all dies gibt es auch hier. Hilfreich für die Vorsitzenden ist es, wenn sie auf im Unterricht eingeführte Mittel der Beruhigung zurückgreifen können. Diese können beispielsweise sein:

Tipp 1

Das Ritual des Ruhezeichens – drei Variationen

1. Reden darf nur, wer den Redestein in der Hand hält.
2. Das verabredete Ruhezeichen: Wenn jemand findet, es sei zu laut, dann hebt sie oder er die linke Hand und legt den rechten Zeigefinger auf den Mund – alle, die das Zeichen sehen, machen es nach und müssen dabei leise sein.
3. Ein Klangstab: Er wird – im Unterricht von der Lehrerin bzw. dem Lehrer, im Klassenrat von dem Kind, das die Leitung hat – vorsichtig angeschlagen, wenn es zu laut ist.

Tipp 2

Synchron hinsetzen

Die Klasse sitzt im Stuhlkreis. Zwei Kinder stehen außerhalb des Kreises, sie sind die »Ra-ter«.

Die Sitzenden sollen synchron, also gleichzeitig, aufstehen. Es wird nicht vereinbart, wer beginnt! Dennoch funktioniert das synchrone Aufstehen nur, wenn eine/r den Anfang macht und die Kinder sich wie in Zeitlupe erheben. Das bedeutet: Die Gruppe muss erspüren, wann eine/r beginnt, und schnell mitmachen. Haben sich alle erhoben, dann bleiben sie stehen und die beiden »Rater« versuchen, den »Anführer« zu erraten. Gelingt ihnen dies, dann dürfen sie die beiden nächsten Beobachter auswählen und deren Plätze im Kreis einnehmen – sonst bleiben sie noch eine Runde lang »Rater«.

Die Kinder im Kreis bleiben während des Ratens stehen und erhalten dann die Aufgabe, sich synchron zu setzen – wieder wird geraten, wer den Anfangsimpuls gesetzt hat.

Beim ersten Mal funktioniert das synchrone Aufstehen und Hinsetzen meistens noch nicht gut, weil der »Anführer« zu abrupt aufsteht. Dies sollte man mit der Klasse kurz reflektieren: »Was hat bei der Lösung der Aufgabe gestört?« Oder »Warum hatten unsere Rater es so leicht, herauszufinden, wer den Anfang gemacht hat?«

Der Effekt dieser Übung ist in aller Regel erstaunlich: Innerhalb von Sekunden ist die Gruppe ruhig und konzentriert. Nach drei bis vier Runden kann der Klassenrat fortgesetzt werden.

Tipp 3

KV 13

⇨ S. 154

Die stille Minute

Manchmal ist es wichtig, dass Kinder Ruhe nicht nur kurz herstellen, sondern erleben und in sich aufnehmen. In diesen Situationen hat sich das Ritual der stillen Minute bewährt (KV 13).

Dieses Ritual sollte im Fachunterricht eingeführt und regelmäßig praktiziert werden. Dann können die den Klassenrat leitenden Schüler/innen darauf zurückgreifen. Hilfreich kann sein, wenn sie die knappen Anweisungen in schriftlicher Form erhalten.

Grundsätzlich ist zu beachten: Das Gespräch darf erst fortgesetzt werden, wenn wirklich Ruhe eingekehrt ist.

Tipp 4

KV 14

⇨ S. 155

Konzentrationsübungen

In Situationen, in denen besondere Unruhe herrscht, habe ich gute Erfahrungen damit gemacht, vor Beginn des Klassenrats »Muskelspiele« mit der Klasse durchzuführen (KV 14). Diese von Wolfgang Endres entwickelten »Miniübungen« bewirken, dass »aufgedrehte« Kinder in kurzer Zeit zu Ruhe und Konzentration gelangen.

Oft sind es nur einzelne Schüler/innen, die Unruhe verbreiten, indem sie mit ihren Sitznachbarn reden, Geräusche oder Gesten machen. Die Individualpsychologie hebt hervor: Auch diese Kinder wollen dazugehören. Der Weg, den sie wählen, um Aufmerksamkeit zu erlangen, schadet jedoch der Gemeinschaft.

Deshalb sollte nicht mit Verärgerung und Ausgrenzung (»Verbannung« aus dem Kreis oder Klassenraum) reagiert werden. Langfristig erfolgreich ist, wem es gelingt, dem Kind freundlich-respektvoll, zugleich aber bestimmt zu begegnen:

- »Im Moment können wir nicht gut arbeiten, weil es stört, wenn du mit deinen Nachbarn redest. Versuche, leiser zu sein, sonst musst du dir einen anderen Platz suchen – zwischen zwei ruhigen Mitschüler/innen. Wir wollen weitermachen!«
- »Wir wollen weitermachen. Im Moment bist du dafür zu unruhig. Versuche, ruhiger zu werden. Wenn's nicht geht, dann setze dich raus aus dem Kreis. Wenn du wieder ruhig geworden bist, kommst du wieder rein.«

Wichtig ist: In sachlichem Ton wird dem Kind zu verstehen gegeben, dass es mit seiner Unruhe der Gemeinschaft schadet. Dabei wird ihm nicht unterstellt, es wolle stören, sondern gespiegelt, wie es sich momentan verhält, und signalisiert, dass es dieses Verhalten verändern muss – denn »wir wollen weitermachen«. Dem Kind wird zugetraut, dass es sich entweder selbst beherrscht oder eine sinnvolle Konsequenz in Kauf nimmt: sich einen ruhigen Platz sucht oder aus dem Kreis geht, bis es so weit zur Ruhe gekommen ist, dass es wieder am Gespräch teilnehmen kann (Rückkehr in den Sitzkreis).

Dies wird nur funktionieren, wenn die Lehrerin bzw. der Lehrer authentisch ist und dem Kind Verantwortung zugesteht, also die Botschaft vermittelt: »Ich traue dir zu, dass du es schaffst, dich zu integrieren!« Bei den meisten Kindern führt diese Grundhaltung ähnlich der »Selffulfilling-Prophecy« dazu, dass sie verantwortlich mit dem in sie gesetzten Vertrauen umgehen und für sich einen guten Weg finden.

> Wir müssen […] begreifen, was wir als Lehrende tun, wenn wir Schüler typisieren, wenn wir uns ein Bildnis machen von ihnen. In

> dem Moment, wo ich entscheide, dieser Schüler ist schwierig, habe ich schon einen schwierigen Schüler. Diese »Selffulfilling-Prophecy«-Ketten müssen durchbrochen werden – das ist Professionalität.
>
> (Rolf Arnold, zit. nach Kretschmer 2007)

9.3 Wie verhalte ich mich bei Kritik an Kolleginnen und Kollegen?

Grundsätzlich ist es wichtig, dass Lehrer/innen, die in ihrer Klasse Klassenrat einführen, die in der Klasse unterrichtenden Kolleginnen und Kollegen über dieses Gremium informieren. Diese sollten wissen, wie eine Klassenratssitzung vorbereitet wird und wie sie abläuft, damit sich möglichst keine Ängste oder Widerstände entwickeln. Ideal ist es, wenn der Klassenrat in der gesamten Schule eingeführt ist.

> Im Klassenrat kann man alle anschreiben, auch Lehrer, die sind ja auch nicht perfekt.
>
> Florian, 6. Klasse

Von Schüler/innen wird im Klassenrat erwartet, dass sie sich der Kritik stellen. So schwer es fallen mag – auch Lehrende sollten sich der Kritik ihrer Schüler/innen gegenüber öffnen. Lehrer/innen, die sich selbst gegen Kritik im Klassenrat immun machen, die – explizit oder unterschwellig – vermitteln »Ihr dürft jeden kritisieren, nur nicht mich«, vergeben nicht nur eine Chance, von den Schüler/innen zu lernen und Respekt zu erhalten, sie machen darüber hinaus den Klassenrat als demokratisches Gremium unglaubwürdig.

Demokratiepädagogik stellt an Lehrer/innen den Anspruch, Schüler/innen als gleichwertige Persönlichkeiten ernst zu nehmen und Erwartungen, die sie an ihre Schüler/innen richten, auch an sich selbst zu stellen (Spiegelbildlichkeit). Im Interesse einer demokratischen Schulkultur wäre zu wünschen, dass viele Schüler/innen die Erfahrung von Florian machen, dass man im Klassenrat »alle anschreiben« kann, auch Lehrer.

Zugleich ist zu beachten: Die Regel »Wir sprechen nur über Personen, die anwesend sind« gilt auch in Bezug auf Lehrer/innen! Auch Lehrende müssen sich darauf verlassen können, dass im offiziellen Klassengespräch nicht in Abwesenheit über sie debattiert wird. Wo aber, wenn nicht im Klassenrat, können Schüler/innen Schwierigkeiten, die sie mit einzelnen Lehrer/innen haben, zur Sprache bringen?

Der beste Weg aus diesem Dilemma ist, wenn Lehrende, die auf der Wandzeitung kritisiert werden, in den Klassenrat eingeladen werden und dieser Einladung auch folgen. Ist dies nicht möglich, dann sollte im Klassenrat nicht die inhaltliche Kritik an Kolleginnen und Kollegen zum Thema gemacht werden, wohl aber die Frage, wie die Schüler/innen mit ihrem Problem umgehen wollen.

Ein wichtiger Impuls, der auf Empathie zielt, wäre: »Versucht, euch in Frau/Herrn XY hineinzuversetzen. Wie würdet ihr euch fühlen, wenn ihr vor der ganzen Klasse kritisiert werdet?« Fragen wie diese, die erfahrungsgemäß in der Anfangszeit durch die Klassenlehrerin bzw. den Klassenlehrer einzubringen sind, führen dazu, dass Schüler/innen ein Gespür dafür entwickeln, welche Vorgehensweise in einem Konflikt die Würde des anderen wahrt und dem Ziel einer Verständigung am nächsten kommt. Es gibt eine ganze Bandbreite von Möglichkeiten, Kritik an Lehrenden zu thematisieren:

- Die von dem Problem betroffenen Schüler/innen suchen das persönliche Gespräch mit der Lehrkraft.
- Zwei Schüler/innen, denen zugetraut wird, dass sie die Kritik verständlich und einfühlsam kommunizieren können, suchen das Gespräch mit der Lehrerin bzw. dem Lehrer unter sechs Augen.
- Die Klasse schreibt einen Brief an die Lehrkraft, in dem sie die Kritik verständlich macht, dabei auch auf eigene Anteile am Konflikt eingeht.
- Die Klassensprecher/innen sprechen die Lehrerin bzw. den Lehrer vor der ganzen Klasse auf das Problem an.
- Die Klasse bittet die Elternvertreter/innen darum, sich des Problems anzunehmen.
- Die Beratungslehrkraft wird einbezogen.
- Die Klassensprecher/innen wenden sich an die Schulleiterin bzw. den Schulleiter.

Hilfreich für Kinder oder Jugendliche, die es übernehmen, ein Konfliktgespräch mit einer Lehrkraft zu führen, kann es sein, wenn

- sie den Einstieg in ein solches Gespräch im Rollenspiel erproben können,
- sie sich vergegenwärtigen, welche Regeln zu beachten sind, damit ein Konfliktgespräch konstruktiv geführt werden kann (KV 19).

KV 19

⇨ S. 164

Erfahrungsgemäß benötigt eine Klasse, wenn zum ersten Mal Kritik an einer nicht anwesenden Lehrkraft thematisiert wird, Zeit, um eine angemessene Vorgehensweise zu entwickeln. Diese Zeit sollte eingeräumt werden, zumal ungeschickte Schritte sich negativ auf das Verhältnis der Klasse zur kritisierten Lehrkraft auswirken könnten. Wird später wieder ein Konflikt mit einer/m Lehrer/in thematisiert, dann sind die Argumente zu Vorgehensweisen bekannt und die Entscheidung über das Vorgehen kann erheblich schneller fallen.

Ein Kollege wird wegen seiner »ordinären Ausdrucksweise« kritisiert

»Ich kritisiere Herrn Meyer wegen seiner ordinären Ausdrucksweise«, notiert Lars, ein ernsthafter, interessierter Schüler, auf der Wandzeitung. Sein Anliegen wird durch Mitschüler per Unterschrift unterstützt.

Einige Tage hängt die Wandzeitung aus. Ob der Kollege Meyer gelesen hat, was dort über ihn steht? Er ist neu an unserer Schule, hat gerade erst sein Referendariat beendet.

Als Klassenlehrerin spreche ich den Kollegen darauf an, erkläre kurz die Bedeutung von Wandzeitung und Klassenrat. Wichtig ist mir, verständlich zu machen: Wir werden am kommenden Freitag nicht über ihn sprechen, sondern lediglich darüber, wie die Kinder mit diesem Anliegen umgehen wollen.

Beim Klassenrat erläutert Lars seine Kritik. Deutlich wird, dass Herr Meyer sich in seiner Ausdrucksweise gerne der Jugendsprache bedient, drastische Formulierungen benutzt, die viele Schüler/innen stören. Wie kann die Klasse mit diesem Problem umgehen? Nora spricht sich dafür aus, dass Lars das Gespräch mit Herrn Meyer sucht. Viele nicken zustimmend. Die Klassenratsleitung erkundigt sich, ob Lars zu einem solchen Gespräch bereit wäre. Ich staune: Lars ist einverstanden. Aufgrund des kurzen Austauschs im Klassenrat weiß er nun »offiziell«, dass er im Namen vieler Mitschüler/innen spricht.

Das Gespräch findet statt. Es sei gut verlaufen, erwähnt Lars kurz, als das Thema im folgenden Klassenrat beim Verlesen des Protokolls berührt wird. Dem Verhältnis zwischen der Klasse und dem Kollegen Meyer hat diese Offenheit gut getan, das ist spürbar.

9.4 Was ist, wenn ein Kind sich der Kritik nicht stellt?

Die Individualpsychologen Dreikurs, Grunwald und Pepper empfehlen zur Frage »Was macht der Lehrer, wenn ein Kind nicht zulassen will, dass von den Mitschülern über sein Verhalten in der Klasse gesprochen wird?«, mithilfe »einer Geschichte oder einer Art Bericht [...] den Weg zu einem nutzbringenden Gespräch [zu ebnen]. Der Lehrer spricht die ganze Klasse an: ›Kinder, ich möchte mit euch über eine bestimmte Situation sprechen [...]. Stellt euch vor, ihr seid alle Eltern und habt ein Kind, das Zahnschmerzen hat. Was würdet ihr tun?‹« (Dreikurs/Grunwald/Pepper 1995, S. 148). Erwartungsgemäß stimmt selbst Jane, das Mädchen, das sich einem »nutzbringenden Gespräch« über ihre eigene Person verweigert, zu: Sie würde darauf bestehen, mit ihrem Kind einen Zahnarzt aufzusuchen, selbst wenn dieses nicht wolle. Das eröffnet dem Lehrer die anvisierte Chance, Jane klarzumachen, dass sie sich einem Konfliktgespräch nicht entziehen könne:

Lehrer: Also gut, Jane, in den Zahnarztstuhl mit dir! Ich mag dich und mache mir Sorgen um dich. Deshalb muss ich das Problem, das wir mit dir haben, besprechen.

(Dreikurs/Grunwald/Pepper 1995, S. 149)

Bei einem solchen Lehrer gibt es kein Entrinnen. Im Gegensatz zu Dreikurs, Grunwald und Pepper halte ich es für wichtig, dass Kinder und Jugendliche selbst entscheiden können, ob ein Problem, an dem sie beteiligt sind, vor der Klassenöffentlichkeit besprochen wird.

Tipp »Veto-Karte«

Um es Kindern oder Jugendlichen leichter zu machen, die ein Problem nicht im Klassenrat besprechen möchten, kann eine rote Karte in die Mitte des Kreises gelegt werden. Wer sie nimmt, sagt damit: Ich möchte über diesen Punkt nicht vor der ganzen Klasse sprechen. Erfahrungsgemäß wird die »Veto-Karte« nur selten genutzt.

Es gibt durchaus Gründe, die Kinder veranlassen können, Kritik nicht im Klassenrat besprechen zu wollen. Exemplarisch seien einige genannt.

Berechtigte Gründe gegen eine Konfliktbearbeitung im Klassenrat

- Ein Kind, das auf der Wandzeitung kritisiert wird, bekommt Angst, wenn es im Mittelpunkt der Aufmerksamkeit steht.
- Eine Schülerin oder ein Schüler befürchtet, dass schwerwiegende persönliche Probleme zur Sprache kommen könnten.
- Ein Kind neigt dazu, in Tränen auszubrechen, wenn es kritisiert wird oder über seine Gefühle spricht, und fürchtet, sich vor der Klassenöffentlichkeit nicht »kontrollieren« zu können.
- Ein Kind ist eher isoliert in der Klasse, der »Gegenpart« hat einen großen Freundeskreis hinter sich – das Kind traut einem Gespräch im kleinen Kreis eher zu, eine Verbesserung der Situation bewirken zu können.

⇨ S. 105 f.

Zugleich aber haben die Mitschüler/innen oder Lehrer/innen ein Recht darauf, die Einhaltung der in der Schule geltenden Regeln einzufordern. Verhält sich eine Schülerin oder ein Schüler abweichend von diesen Regeln, dann kann von ihm erwartet werden, dass der sich daraus ergebende Konflikt bearbeitet wird – in welchem Rahmen sich das Kind einem Konfliktgespräch stellt, ist dann aber seine Entscheidung.

Praktisch bedeutet dies: Stimmt ein Kind, das auf der Wandzeitung kritisiert wird, einem Gespräch über den Konflikt im Klassenrat nicht zu, dann stellt die Lehrerin bzw. der Lehrer es vor die Wahl: »Es ist dein Recht zu sagen, wenn du nicht möchtest, dass über dieses Problem im Klassenrat gesprochen wird. Trotzdem verhältst du dich hier in einer

Weise, die XY stört. Deshalb müsst ihr eine Lösung für den Konflikt finden. Neben dem Klassenrat gibt es mehrere andere Möglichkeiten: Ihr könnt zu den Streitschlichtern gehen, ihr könnt mit dem Beratungslehrer sprechen oder mit mir als Klassenlehrer. Für welche Möglichkeit entscheidest du dich?« In bestimmten Situationen kann auch eine Mädchen- oder Jungenkonferenz angemessen sein (vgl. Kapitel 9.6).

⇨ S. 105 f.

Kann sich die Schülerin bzw. der Schüler nicht gleich für eine der Alternativen entscheiden, sollte ein verbindlicher Zeitpunkt vereinbart und eingehalten werden, an dem er seine Entscheidung mitteilen wird.

9.5 Was ist, wenn Klassenrat ein Problem nicht löst?

Es ist eine Illusion zu meinen, im Klassenrat könne jedes Problem gelöst werden. Auch wenn keine zufriedenstellende Lösung gefunden wird, ist es gut, einen Rahmen zu bieten, in dem ein Kind Gehör und Verständnis findet für sein Problem. Diese Einschätzung bringt eine Lehrerin der Offenen Schule Kassel-Waldau zum Ausdruck.

> Es ist wichtig, dass […] ein Kind weiß: ›Der hat mir was getan, und das durfte er nicht. Und ich werde ganz ernst genommen.‹ Dass die [Lehrerin] zumindest sagt: ›Da ist dir Unrecht geschehen.‹ Viele Kinder sind damit schon zufrieden, dass man sie unterstützt und ihnen sagt: ›Das darf so nicht sein.‹ Ich kann nicht alles regeln, auch nicht alles klären, und auch manche Entschuldigung ist eigentlich zu gering für das, was einem angetan wurde. Aber die Kinder sollen sich zumindest ganz ernst genommen fühlen.
>
> (Friedrichs 2004a, S. 211)

Klassenrat ist ein, nicht jedoch der immer passende Rahmen, um einen Konflikt zu bearbeiten. Ist zu vermuten, dass das konflikthafte Verhalten eines Kindes oder Jugendlichen seine Ursache in psychischen oder familiären Problemen hat, dann kann der Klassenrat zwar Verständnis für die belastende Situation des Kindes bzw. Jugendlichen fördern, nicht jedoch die Ursachen bearbeiten. Auch das Thema »Mobbing« überfordert den Klassenrat. In beiden Fällen sollten Experten wie Beratungslehrer/innen oder Schulpsychologen aufgesucht werden (vgl. Kapitel 1.4).

⇨ S. 16 f.

Spätestens in der siebten Klasse entwickeln Schüler/innen ein Gespür dafür, dass viele Konflikte eher »unter vier Augen« geklärt werden sollten. Wenn die Konfliktpartner dennoch damit überfordert sind, ihr Problem konstruktiv zu bearbeiten, dann bietet es sich an, dass sie Streitschlichter/innen aufsuchen.

Bei anhaltenden Disziplinproblemen Einzelner sind die Ursachen abzuklären. Zu erwägen ist, ob die Schule die Trainingsraum-Methode (Bründel/Simon 2007) einführt oder die 1-2-3-Methode (Phelan/Schonour 2005, geeignet insbesondere für die Grundschule).

9.6 Jungen interessieren sich nicht für »Mädchenprobleme« – und umgekehrt

Mädchen haben andere Probleme als Jungen, und sie gehen anders mit ihren Problemen um. Manches »Mädchenproblem« ist aus Sicht der Jungen eine Lappalie, manche Rangelei unter Jungen aus Mädchensicht »Kinderkram«. Dann wird es schwer, die für eine Klärung nötige Zeit und Ernsthaftigkeit aufzubringen.

Deshalb kann es sinnvoll sein, die Klasse gelegentlich oder regelmäßig (ein- bis zweimal pro Monat) nach Geschlecht zu teilen: Die Mädchen treffen sich zu einer *Mädchenkonferenz*, in der sie in aller Ruhe besprechen können, was ihnen am Herzen liegt; die Jungen finden in einer *Jungenkonferenz* ihre Form der Bearbeitung von Konflikten, die sie miteinander haben. Dabei kann durchaus etwas anderes herauskommen als das Kreisgespräch – viele Jungen können Probleme besser mit der Methode des Rollenspiels bearbeiten.[10]

Geschlechtsspezifische Konferenzen bieten Intimität und einen geschützten Raum, um Themen zu besprechen und Übungen durchzuführen, die in einer geschlechtsheterogenen Gruppe nicht möglich wären.

9.7 Für welche Jahrgänge eignet sich der Klassenrat?

Grundsätzlich kann Klassenrat mit Schüler/innen fast jeden Alters abgehalten werden. Wichtig ist jedoch, dass die thematische Ausrichtung und die Anforderungen an die Leitung an das Alter der Lerngruppe angepasst sind. Wie eine altersgemäße Form des Klassenrats konkret aussehen kann, muss jede Klasse für sich herausfinden.

Die Frage, wie man Klassenrat mit Grundschüler/innen praktizieren kann, wird in Kapitel 7 behandelt.

---

10 Diese Anregung verdanke ich W. Dopp, die an der Laborschule Bielefeld in dieser Weise mit Jungen arbeitet. Vgl. zu Mädchen- und Jungenkonferenzen Friedrichs 2000; zu Jungenkonferenzen Biermann/Boldt 1999.

Entwicklungen in der Sekundarstufe I

Die Beliebtheit der Spalte »Ich kritisiere« nimmt in der Regel spätestens ab Klasse 7 ab. Die vielen kleinen Ärgernisse, die jüngere Schüler/innen belasten, sind hinreichend oft besprochen, Verhaltensregeln wurden im Klassenrat entwickelt und auf ihre Alltagstauglichkeit hin überprüft. Wenn Klassenrat regelmäßig abgehalten wird, wächst in vielen Klassen eine tragfähige Gemeinschaft, die mit der Unterschiedlichkeit der Persönlichkeiten umgehen kann. Empathie und Toleranz haben sich entwickelt. Außerdem entwickeln Jugendliche ein Gespür für Konflikte, die in der Adoleszenz nicht mehr vor dem Plenum der Klassenöffentlichkeit ausgetragen werden sollten.

Spätestens in Klasse 9 ist nicht mehr maßgeblich, was Lehrer/in oder Gruppe für richtig halten (Gruppenmoral, Über-Ich), stattdessen sieht sich das Individuum vor die Aufgabe gestellt, eigene Vorstellungen von richtig und falsch zu entwickeln (individuelle Ethik, Ich-Ideal). Eine Orientierung weg von der eigenen Klasse hin zur Peergroup geht damit einher.

Nun kann Klassenrat in größeren Intervallen stattfinden, etwa einmal monatlich an einem festgelegten Termin. Es wird auch weiterhin Probleme geben, die Schüler/innen gerne im Rahmen der Klasse besprechen möchten, die Wertschätzung Einzelner bleibt wichtig und auch die Partizipation an der Gestaltung von Unterricht und Schulleben, thematisch eingebracht über die Rubrik »Ich wünsche«.

Wenn Lehrer/innen beobachten, dass die Nutzung des Klassenrats sich verändert, sollten sie eine Reflexionsphase einleiten. Ziel ist, eine gemeinsame Perspektive zu entwickeln, wie der Klassenrat in Zukunft gestaltet werden kann.

Klassenrat in den Klassen 8–10

Auch wenn die Kritik an Mitschüler/innen in höheren Klassenstufen weniger wird oder unterbleibt, ist die Verzahnung der Ebenen Klasse und Schule weiterhin bedeutsam: Wenn eine Sitzung der Schülerversammlung (SV) ansteht, dann sollte sich die Klasse zum Klassenrat versammeln.

Kooperation von Klassenrat und SV

1. Klassenrat vor der nächsten SV

Die Tagesordnung der kommenden SV wird vorgestellt, Themen, die für die Klasse von Bedeutung sind, werden diskutiert. Am Ende der Diskussion muss deutlich geworden sein, welche Position die Klassensprecher/innen als Stellvertreter ihrer Klasse jeweils zu vertreten haben. Ferner ist abzufragen, ob die Klasse über die Klassensprecher/innen eigene Anliegen in die SV einbringen möchte.

Gerade bei jüngeren Schüler/innen ist zu erwägen, ob eine Klasse bei wichtigen Anliegen eine Schulsprecherin bzw. einen Schulsprecher in den Klassenrat einladen möchte, um diesem/r das eigene Interesse näherzubringen, damit diese/r die Klassensprecher/innen in der SV bei der Vermittlung ihres Themas unterstützen kann.

2. Klassenrat nach einer SV

Hat eine SV stattgefunden, dann sollten die Klassensprecher/innen ihrer Klasse im Klassenrat von den Ergebnissen berichten. Oft ergibt sich in der Klasse Diskussionsbedarf: Wollen wir uns an einer in der SV beschlossenen Aktion beteiligen? In welcher Form?

Im Sinne der Demokratiepädagogik ist in der Arbeit mit Jugendlichen darüber nachzudenken, inwieweit der Blick zu öffnen wäre für soziale Probleme im Umfeld der Schüler/innen und darüber hinaus. Themen, die Jugendlichen auf der Seele lasten, ohne dass sie diese als persönliche Konflikte einbringen möchten, gibt es mannigfaltig: Schwierigkeiten, denen sich Mitschüler/innen mit Migrationshintergrund gegenübersehen, Kritik an Konzept und Wirklichkeit der eigenen Schule, die aktuelle Situation im Stadtteil, gesellschaftliche Verantwortung und eigene Ängste, die Frage, in welcher Weise man als Klasse tätig werden möchte, um Benachteiligten zu helfen, die Frage nach beruflichen Perspektiven und der Angst vor Arbeitslosigkeit.

Einen geeigneten Ansatz für soziales Engagement bietet das Konzept »Service Learning«. In einem Projekt engagieren sich Schüler/innen für das Gemeinwohl (»service«), und in ihrem praktischen Tun erwerben sie wichtige Kompetenzen (»learning«). Klassenrat kann in diesem Zusammenhang einen Raum bieten, in dem

- Kleingruppen der Klasse mögliche Projekte vorstellen,
- sich die Schüler/innen für »ihr« Projekt entscheiden,
- Schüler/innen von ihrer Projektplanung berichten und Rückmeldungen der anderen erhalten,
- Erfahrungen ausgetauscht und gemeinsam reflektiert werden.

Ein empfehlenswertes Handbuch mit Informationen zum Service Learning, einem detaillierten Leitfaden für die Planung, Durchführung und Auswertung von Projekten sowie Anregungen zur Verankerung von Service Learning im Schulalltag haben Anne Sliwka und Susanne Frank verfasst (Sliwka/Frank 2004).

9.8 Wie lässt sich die »Qualität« des Klassenrats verbessern?

Theorie und Praxis gehen beim Klassenrat, wie so oft im pädagogischen Alltag, auseinander. Klingt das Konzept auch in sich schlüssig und plausibel, so gibt es doch in der Praxis immer wieder »Stolpersteine«. Wie oft hätte ich schon gerne gesagt: »Wenn ihr im Klassenrat nicht besser miteinander arbeitet, dann lassen wir es eben!« Zeit ist kostbar – und in der Schule immer zu knapp.

Die Frage ist: Wie können wir die Qualität des Klassenrats in einer Klasse verbessern? Grundsätzlich bieten sich zwei Wege an:

- *Lehrer/innen beraten sich untereinander:* Sie besuchen sich gegenseitig im Klassenrat, laden die Beratungslehrerin bzw. den Beratungslehrer in ihren Klassenrat ein, tauschen Erfahrungen aus, tragen Fälle in eine regelmäßig tagende Beratungsgruppe (kollegiale Beratung oder Supervision).
- *Schüler/innen suchen selbst nach Möglichkeiten,* wie sie ihren Klassenrat noch besser nutzen und gestalten können.

Idealerweise ergänzen sich die beiden Möglichkeiten. Werden die Schüler/innen zu einer kritischen Reflexion der Klassenratspraxis in ihrer Klasse angeregt, dann sollten ihnen Leitfragen zur Verfügung stehen:

- Die »Zielscheibe« ermöglicht ein schnelles Feedback. Die Kinder reflektieren, wie gut das Einhalten von Regeln im Klassenrat geklappt hat. Diese Rückmeldung kann sich auf das eigene Verhalten oder auf die gesamte Klasse beziehen. Geht es um ein »Klassen-Feedback«, dann wird die Zielscheibe auf das Format DIN-A3 vergrößert und ausgehängt. Jede/r Schüler/in erhält pro Regel einen Klebepunkt und bewertet, wie gut die Regel in der letzten Woche eingehalten wurde. Je besser dies gelungen ist, desto weiter werden die Klebepunkte in die Mitte geklebt. Die Klasse legt im Klassenrat fest, welche Regeln sie innerhalb einer bestimmten Zeit (etwa: ein Monat) trainieren möchte. Diese Regeln (maximal vier, eher zwei) werden in die Zielscheibe eingetragen.

Möchte man bewirken, dass die Kinder oder Jugendlichen ihr eigenes Verhalten im Klassenrat reflektieren und lernen, bewusst auf ihr Verhalten zu achten, dann erhalten alle in regelmäßigen Abständen, z. B. einmal pro Monat, am Ende der Klassenratsstunde ein Blatt mit einer Zielscheibe. Die Schüler/innen kreuzen an, was für sie selbst gilt. Die Bewertung wird nicht veröffentlich, sondern jede/r Schüler/in führt eine Mappe, in die die eigenen Zielscheiben geheftet werden. Nach einiger Zeit kann jede/r Einzelne sehen, wie sie/er sich nach eigener Wahrnehmung im Laufe der Zeit entwickelt hat.

KV 23 ⇨ S. 172

KV 24 ⇨ S. 173 f.

- Das Arbeitsblatt »Wie verhalte ich mich im Klassenrat?« regt dazu an, das eigene Verhalten kritisch zu betrachten. Hier steht die Frage der Einhaltung von Regeln im Mittelpunkt. Jede Schülerin und jeder Schüler beantwortet die Fragen für sich und tauscht sich anschließend mit einer vertrauten Person (oder in einer Kleingruppe) aus. Die Zettel werden nicht eingesammelt. Es sollte jedoch Raum dafür gegeben werden, dass Schüler/innen ins Plenum tragen, was sie aufgrund ihres Gesprächs im kleinen Kreis für wichtig halten und mit der Klasse diskutieren möchten.

KV 25 ⇨ S. 175–177

- Das Arbeitsblatt »Wie läuft unser Klassenrat?« regt dazu an, dass sich jede Schülerin und jeder Schüler zunächst für sich Gedanken über den Sinn des Klassenrats macht, über die Gesprächsleitung sowie das Diskussionsverhalten in der Klasse. Auf die Stillarbeit folgt ein Austausch in Kleingruppen. Die Kleingruppen erhalten die Aufgabe, dem Plenum vorzutragen:
  - Was gefällt uns besonders gut am Klassenrat?
  - Wo sehen wir Gesprächsbedarf?
  - Was sollten wir als Klasse verändern?

KV 26a–g ⇨ S. 178–184

- Die vierte Möglichkeit entspricht der Methode »Stationenlauf«. In Gruppen von vier bis fünf Personen bearbeiten die Schüler/innen sieben Stationen zu unterschiedlichen Aspekten wie »Sinn des Klassenrats« oder »Sitzordnung«. Ein akustisches Signal bedeutet: Stationenwechsel. Ziel des Stationenlaufs ist, dass die Schüler/innen sich in ihrer Kleingruppe darüber bewusst werden, was im Klassenrat geschieht, und sich über ihre Wahrnehmungen und Einschätzungen der gegenwärtigen Klassenratspraxis austauschen.

Im Anschluss an den Stationenlauf dürfen die Gruppen im Stuhlkreis berichten, an welchen Punkten sie kontroverser Meinung waren (»Über welche Frage/n habt ihr besonders angeregt diskutiert?«) und was sie gerne verändern würden – vielleicht ist es ja mal wieder an der Zeit, das zügige Umbauen des Klassenzimmers zum Sitzkreis zu üben?

9.9 Klassenrat ohne Klassenratsstunde – wie kann das gehen?

An vielen weiterführenden Schulen gibt es nur in Klasse 5 eine ausgewiesene Klassenlehrer- oder Klassenratsstunde. Ab Klasse 6 stellt sich die Frage: Woher nehme ich die Zeit, um den Klassenrat weiterzuführen? Dass Klassenlehrer/innen grundsätzlich eine Stunde ihres Fachunterrichts opfern, ist auf Dauer keine tragbare Möglichkeit und höchstens im Fach Deutsch, aufgrund der Nähe des Klassenrats zu Kompetenzzielen des Deutschunterrichts, vertretbar.

Einige Lösungsansätze, die ich an einzelnen Gesamtschulen und Gymnasien in Hessen erlebt habe, möchte ich vorstellen. Ihnen allen ist gemeinsam, dass die jeweilige Schule sich dafür entschieden hat, den Klassenrat zu einem Bestandteil des Schulkonzepts zu machen.

- Der Idealfall: Der Klassenrat erhält bis Klasse 10 einen festen Platz im Stundenplan.
  Die Offene Schule Kassel-Waldau (OSW) nimmt diese Stunde aus dem Stundendeputat für das Fach Politik und Wirtschaft mit der Begründung, dass im Klassenrat eine zentrale Aufgabe des Politikunterrichts in hervorragender Weise erfüllt wird: die Erziehung zu Demokratiefähigkeit. Die Klassenratsstunde liegt im Jahrgang parallel, sodass bei Bedarf auch klassenübergreifend gearbeitet werden kann, etwa bei Konflikten zwischen Schüler/innen mehrerer Klassen oder bei der Planung von Jahrgangsaktivitäten.
- In einigen Bundesländern, so beispielsweise in Hessen und Niedersachsen, haben die Schüler/innen aller weiterführenden Schulen im Bereich der Sekundarstufe I ein Recht auf eine SV-Stunde pro Woche (vgl. für Hessen § 21 Absatz 2 der SV-Verordnung), andere Bundesländer sehen weniger Zeit vor (Beispiel NRW: eine Stunde pro Monat). Es lohnt sich zu recherchieren, ob das eigene Bundesland eine SV-Stunde wöchentlich einräumt, denn in diesem Fall kann die SV-Stunde zur Klassenratsstunde werden. Das Goethegymnasium in Kassel hat ein Modell entwickelt, das die SV-Stunde für den Klassenrat nutzt: Die Klassenlehrer/innen organisieren für ihre Klasse langfristig die Platzierung der SV-Stunde im Wochenplan. Sie achten darauf, dass die Fächer gleichmäßig belastet werden.

Beispiel: Organisation des Klassenrats in der 7a

Klassenlehrerin der 7a ist Frau Müller. Sie unterrichtet die Fächer Deutsch und Sport. Am Anfang des Schuljahres trägt sie ins Klassenbuch ein, wann sie mit ihrer Klasse Klassenrat halten möchte. Der Klassenrat wird sowohl in ihrem eigenen als auch im Unterricht von Fachkolleginnen und -kollegen stattfinden. Frau Müller achtet darauf, dass der Unterrichtsausfall gleichmäßig auf alle Fächer verteilt wird. Bis Weihnachten wird in jedem Fach etwa zwei Mal Klassenrat statt Fachunterricht stattfinden. Das sieht dann beispielsweise so aus: In der 35. KW liegt der Klassenrat Dienstag in der 3. Stunde (Englisch bei Herrn Steuber), in der 36. KW Donnerstag in der 1. Stunde (Geschichte bei Frau Janz), in der 37. KW Montag in der 5. Stunde (Deutsch bei Frau Müller).

Wenn der Klassenrat dienstags in der 3. Stunde stattfindet, dann tauscht Frau Müller mit ihrem Kollegen Steuber die Lerngruppe. Sie nutzt die Englischstunde des Kollegen in der 7a für den Klassenrat und Herr Steuber vertritt sie derweil in der 9d, die Frau Müller normalerweise dienstags in der 3. Stunde in Deutsch unterrichtet. Frau Müller sorgt dafür, dass Herrn Steuber eine Aufgabe für die Vertretungsstunde erhält.

Andere Schulen wie die Theodor-Heuss-Schule in Baunatal (THS) bei Kassel setzen voraus, dass der Klassenrat ab Klasse 6 auch dann gut funktionieren kann, wenn statt der Klassenlehrer/innen Fachlehrkräfte teilnehmen. Die Klassen halten ihren Klassenrat eigenständig, die Fachlehrkraft, die zu dieser Zeit Unterricht hätte, ist im Klassenrat anwesend.

Da die Klassenratsleitung in Händen von Schüler/innen liegt, ist dieses Modell praktikabel. Langfristig ist festzulegen, wann welches Fach betroffen ist. Diese Aufgabe kann die Klassenleitung für ihre Klasse oder die Schulleitung für alle Klassen übernehmen.

Um gute Voraussetzungen für dieses Modell zu schaffen, ermöglicht die THS dem gesamten Kollegium die Teilnahme an einer Fortbildung »Einführung in den Klassenrat«. Außerdem erhalten die Klassensprecher/innen eine speziell auf sie zugeschnittene Klassenrats-Schulung.

Die vorgestellten Beispiele basieren auf einer rechtlich abgesicherten Organisation des Klassenrats. Beide Modelle haben den Vorteil, dass am wöchentlichen Rhythmus festgehalten werden kann – jedes Fach ist einmal im Vierteljahr betroffen, das ist zumutbar. Wenn sich eine Schule dafür entscheidet, Klassenrat durchgängig zu praktizieren, obwohl die Schüler/innen keinen Rechtsanspruch darauf hätten, dann bieten sich die dargestellten Modelle ebenfalls an. Voraussetzung ist in jedem Fall die schulweite Einführung des Klassenrats per Gesamtkonferenzbeschluss.

9.10 Was tun, wenn der Klassenrat »verschwindet«?

Trotz der Überlegungen zu einer Fortführung des Klassenrats in höheren Jahrgangsstufen ist die Realität an vielen Schulen eine andere: Verschiedene Gründe führen dazu, dass Klassenrat ab einem bestimmten Zeitpunkt nicht mehr praktiziert wird. Fragt man nach, dann heißt es oft, irgendwann sei der Klassenrat »eingeschlafen«.

Ein Ritual, das über viele Jahre bedeutsam war, sollte nicht einfach unbemerkt verschwinden. Ich möchte dazu anregen, den Abschied vom Klassenrat bewusst zu gestalten – in Form einer kleinen Abschiedsfeier:

Eine Gruppe übernimmt es, die Feier vorzubereiten. Sie sieht alte Klassentagebücher durch und wählt einige Protokolle aus. Die »Abschiedsstunde« beginnt damit, dass jemand von der Einführung des Klassenrats erzählt. Anschließend werden interessante, lustige oder wichtige Passagen aus Protokollen verlesen. Vielleicht gibt es eine Zusammenstellung von Sätzen aus Protokollen, in denen die Namen der Schüler/innen, um die es jeweils ging, weggelassen sind – wem gelingt es am besten, die richtigen Namen einzutragen? Bei Konflikten, die längst überwunden sind, ist in der Regel hinreichend Distanz vorhanden, um über diese schmunzeln zu können oder sich zu freuen, dass diese inzwischen zur (Klassen-)Geschichte gehören.

Die Stunde endet mit einem Blitzlicht, in dem jede und jeder Einzelne sagt, was ihm/ihr besonders gut am Klassenrat gefallen hat.

Tipps zum Weiterlesen

Die Literatur zum Klassenrat, insbesondere Veröffentlichungen im Internet, ist umfangreich. Deshalb konzentrieren sich die folgenden Literaturhinweise auf meine persönlichen Favoriten.

1. Materialien für die Durchführung des Klassenrats

- Initiative »Der Klassenrat«. www.derklassenrat.de
  Die Initiative »Der Klassenrat« wurde von der Serviceagentur »Ganztägig lernen« Rheinland-Pfalz initiiert und wird inzwischen auch im Saarland und in Hessen umgesetzt. Auf der Internet-Seite der Initiative »Der Klassenrat« findet sich eine Übersicht über Schulen, die Klassenrat bereits praktizieren; die Seite wird regelmäßig aktualisiert und gibt u. a. Auskunft über Schulen, die Hospitation zulassen (www.derklassenrat.de/schulen.html). Ferner werden grundlegende Fragen, die sich in der Praxis ergeben, überzeugend beantwortet. Ein Schwerpunkt der Arbeit der Initiative »Der Klassenrat« liegt in der Erarbeitung und dem Vertrieb eines Mitmach-Sets zum Klassenrat, zu bestellen unter www.derklassenrat.de/. Die Mitmach-Sets enthalten eine kurze Einführung in Grundlagen des Klassenrats und Praxismaterialien, mit deren Hilfe, so der Anspruch, Lehrer/innen mit ihren Klassen eigenständig in den Klassenrat einsteigen und erste Erfahrungen machen können.

- XENOS. Integration und Vielfalt (2013): Mitmach-Set. www.xenos-hessen.de/landesschulamt/klassenrat/materialien-zum-klassenrat/
  Die in der Informationsbroschüre zum Klassenrat enthaltenen Texte und Materialien wurden durch Birte Friedrichs und Christa Kaletsch erstellt, sie führen knapp in den Klassenrat ein, informieren über den Zusammenhang zwischen Klassenrat und Kinderrechten und enthalten darüber hinaus Materialien, die auch im Klassenratsbuch enthalten sind, grafisch anders gestaltet.

2. Filme zum Klassenrat

- Gewaltprävention und Demokratielernen (GuD) (Hrsg.) (2012): Demokratielernen in der Schule: Klassenrat in Grundschule und Förderstufe. Nähere Informationen unter: gud.bildung.hessen.de/Fortbildungen/KR_Film_2012.pdf

- Hellbrügge, Lukas; Krää, Noel (2012): »Demokratie von Anfang an« – die Grundschule Süd in Landau. www.derklassenrat.de/film-grundschule-sued.html

- Hellbrügge, Lukas; Krää, Noel (2009): Mehr Demokratie … durch den Klassenrat an der Erich Kästner Realschule plus Ransbach-Baumbach. www.derklassenrat.de/film-eks.html

3. Wissenschaftliche Monografien

- Boer, Heike de (2006): Klassenrat als interaktive Praxis: Auseinandersetzung – Kooperation – Imagepflege. Wiesbaden: Verlag für Sozialwissenschaften
  Heike de Boer befasst sich in ihrer Dissertationsschrift über Interaktionen im Klassenrat mit der Perspektive von Kindern als den eigentlichen Akteuren. Die empirische Arbeit, der Aufzeichnungen aus teilnehmender Beobachtung und Videografien über einen Zeitraum von drei Jahren zugrundeliegen, richtet den Blick insbesondere auf Interaktionen zwischen Grundschulkindern und interessiert sich u. a. für die spannende Frage nach Differenzen zwischen pädagogischen Intentionen und der tatsächlichen pädagogischen Praxis. Deutlich wird, wie bedeutsam ein reflektiertes und selbstkritisches Rollenverständnis der Lehrkraft für den Klassenrat ist.

- Friedrichs, Birte (2004): Kinder lösen Konflikte. Klassenrat als pädagogisches Ritual. Baltmannsweiler: Schneider Verlag Hohengehren.
  Das Buch stellt die gekürzte Fassung meiner Dissertationsschrift dar. Es handelt sich um eine ethnografische Studie zum Klassenrat am Beispiel der Offenen Schule Kassel-Waldau. Die Interpretation von Protokollen teilnehmender Beobachtung und von Interviews mit unterschiedlichen Beteiligten (Schüler/innen, Lehrer/innen, Schulleitung) fragt nach Möglichkeiten und Grenzen der vorgefundenen Klassenratspraxis. Die Deutung von Klassenrat als Ritual – als Übergangsritual mit deutlichen Parallelen zu juridischen Ritualen – lenkt die Aufmerksamkeit auf bislang kaum beachtete Seiten des Klassenrats.

- Kiper, Hanna (1997): Selbst- und Mitbestimmung in der Schule. Das Beispiel Klassenrat. Baltmannsweiler: Schneider Verlag Hohengehren.
  Das Buch geht zunächst ausführlich auf die Geschichte der Partizipation von Kindern und Jugendlichen, bezogen auf Schule, ein. Es folgt eine Darstellung des Klassenrats, seiner Entstehungsgeschichte, der mit dem Klassenrat verbundenen Chancen und Probleme. Im Hauptteil werden mehrere auf Video aufgezeichnete Klassenratssitzungen einer Grundschulklasse detailliert analysiert. Dem Thema »Vermittlung kommunikativer Kompetenz im Klassenrat« widmet sich ein Beitrag von Thekla-Sofie Pozar.

4. Literatur zu Kommunikation und sozialem Lernen

- BZgA (2002): Achtsamkeit und Anerkennung. Materialien zur Förderung des Sozialverhaltens
  In der Reihe »Gesundheitserziehung und Schule« der Bundeszentrale für gesundheitliche Aufklärung sind Materialien zur Förderung des Sozialverhaltens erschienen, die geeignet sind, ein Klima der »Achtsamkeit und Anerkennung« zu fördern.
  Unter diesem Titel sind ein Buch für die Grundschule und eines für die Jahrgänge 5–9 erschienen. Die Bücher nehmen zum einen ernst, dass Kinder in der Schule viele Situationen erleben, die sie subjektiv als kränkend, enttäuschend oder verunsichernd interpretieren, weshalb sie auf eine Haltung der Anerkennung angewiesen sind. Zum anderen ist Ziel der Publikationen, Schulen bei der Aufgabe zu unterstützen, soziales Lernen zu begleiten, Gewaltprävention zu betreiben und zur Vermittlung von Werten beizutragen.
  Die praxiserprobten Bausteine bieten kurze Hintergrundinformationen, vielfältige methodische Vorschläge und viele Kopiervorlagen. Die Hefte sind kostenfrei zu beziehen bei der Bundeszentrale für gesundheitliche Aufklärung und stehen unter folgender Bestelladresse wahlweise zum Download bereit: www.bzga.de/botmed_20420000.html (Grundschule), www.bzga.de/botmed_20470000.html (Klasse 5–9).

- Großmann, Christine (2006): Projekt: Soziales Lernen. Ein Praxishandbuch für den Schulalltag. Mülheim: Verlag an der Ruhr.
  Dieses Buch, für die Arbeit mit 10- bis 15-Jährigen geschrieben, bietet ein ausgearbeitetes Sozialtraining. Es profitiert von der langjährigen Erfahrung der Autorin als Schulsozialpädagogin an Haupt-, Real- und Gesamtschulen in Hamburg. Die Publikation bietet eine große Auswahl von Kennenlern- und Vertrauensspielen; Übungen aus dem Kapi-

tel »Zuhören und Feedback« sind geeignet, um auf spielerische, motivierende Weise grundlegende Kommunikationskompetenzen zu trainieren.

- Lions Quest: »Erwachsen werden«
  Dieses Programm unter Schirmherrschaft der Drogenbeauftragten der Bundesregierung Sabine Bätzing (MdB) ist ein Life-Skills-Programm (»Lebenskompetenz-Erziehung«) für den Bereich der Sekundarstufe I, das Schüler/innen auf die selbstständige Bewältigung der Aufgaben vorbereitet, die ihnen ihre Lebensphase stellt. Es zielt darauf, Jugendliche bei der Entwicklung sozialer Kompetenzen sowie ihrer gesamten Persönlichkeit nachhaltig zu unterstützen, um auf diesem Wege die seelische und körperliche Gesundheit positiv zu beeinflussen. Ein wesentliches Element des Programms stellt die Förderung kommunikativer Kompetenzen dar.
  Der Erwerb eines umfangreichen Ordners mit vielfältigen methodisch-didaktisch ausgereiften Unterrichtsbausteinen ist an die Teilnahme an einem Einführungsseminar gebunden. Das Programm ist vielfach erprobt und evaluiert. Für den Primarbereich wurde ein ähnliches Konzept entwickelt: Schule 2000. Nähere Informationen zu beiden Programmen finden sich unter www.lions-quest.de.

Literaturverzeichnis

Biermann, C./Boldt, U. (1999): »Die Jungen packen eher bei Männern aus« – Jungenkonferenzen. In: Pädagogik 51, H. 5, S. 16–21.

Biermann, C./Boldt, U. (2007): »Toll, mal unter sich zu sein!« Jungenkonferenzen in der Schule. In: Schüler 2007. Friedrich-Jahresheft. Seelze: Friedrich Verlag, S. 126 f.

BLK-Projekt »Demokratie lernen & leben« (2006): Mitentscheiden und Mitverantwortung von Anfang an. Klassenrat in der Grundschule. Berlin (DVD).

Blum, E./Blum, H.-J. (2006): Der Klassenrat. Ziele, Vorteile, Organisation. Mülheim: Verlag an der Ruhr.

Blum, H./Blum, H. J. (2012): Der Klassenrat: Ziele, Vorteile, Organisation. 2. Aufl. Mühlheim: Verlag an der Ruhr.

Brinkmann, G. et al. (Hrsg.) (1980): Theorie der Schule. Schulmodelle I: Die Reformpädagogik, Königstein/Ts.: Athenäum Taschenbücher.

Brühlmeier, A. (1995): Die Individualpsychologie Alfred Adlers. www.bruehlmeier.info/adler.htm (Abruf 6.8.2008).

Bründel, H./Simon, E. (2007): Die Trainingsraum-Methode. Unterrichtsstörungen – klare Regeln, klare Konsequenzen. Weinheim/Basel: Beltz.

BzGA (Hrsg.) (2002): Achtsamkeit und Anerkennung. Materialien zur Förderung des Sozialverhaltens in der Grundschule. Köln.

BzGA (Hrsg.) (o. J.): Achtsamkeit und Anerkennung. Materialien zur Förderung des Sozialverhaltens in der Klasse 5–9. Köln.

Connemann, R. (2005): Systemische Ansätze zur Beratung in der Schule. Anders denken – anders handeln. In: Grewe, N. (Hrsg.): Praxishandbuch Beratung in der Schule. Grundlagen, Aufgaben und Fallbeispiele. Neuwied: Luchterhand, S. 42–52.

Daublebsky, B./Lauble, S. (2006): Der Klassenrat als Mittel demokratischer Schulentwicklung. Eine Handreichung für die Praxis. Unter Mitarbeit von S. Frank. www.blk-demokratie.de/fileadmin/public/2hp/klassenrat_BW/BW_Klassenrat.pdf (Abruf 8.10.2008).

Daublebsky, B./Lauble, S. unter Mitarbeit von S. Frank (2009): Der Klassenrat als Mittel demokratischer Schulentwicklung. Eine Handreichung für die Praxis. www.pedocs.de/volltexte/2009/555/pdf/BW_Klassenrat.pdf (Abruf 15.12.2013).

Dewey, J. (1897/2008): Mein Pädagogischer Glauben. Erstmals publiziert in: School Journal LIV (January 1897), S. 77–80. Übersetzung ins Deutsche: H. Schreier. www.erzwiss.uni-hamburg.de/Sonstiges/Dewey/DewPaedG.htm (Abruf 6.8.2008).

Dreikurs, R./Grunwald, B. B./Pepper, F. C. (1995): Lehrer und Schüler lösen Disziplinprobleme. In: Thymister, H. J. (Hrsg.): 8. Aufl. Weinheim/Basel: Beltz.

Eikel, A./de Haan, G. (Hrsg.) (2007): Demokratische Partizipation in der Schule. Ermöglichen, fördern, umsetzen. Schwalbach/Ts: Wochenschau-Verlag.

Englisches Institut Heidelberg. Bilinguale Ganztagsgrundschule. gs.englisches-institut.de/index.php?lang=de&page_id=55& (Abruf 15.12.2013).

Faust-Siehl, G. et al. (1996): Die Zukunft beginnt in der Grundschule. Empfehlungen zur Neugestaltung der Primarstufe. Reinbek bei Hamburg: Rowohlt.

Freinet, C. (1979): Die moderne französische Schule. Übersetzt und besorgt von H. Jörg. 2. Aufl. Paderborn: Ferdinand Schöningh.

Freinet, C. (1980): Der Buchdruck in der Schule. In: G. Brinkmann, S. 59–66.

Friedrichs, B. (1999): Nicht gleich von Null auf Hundert. Ein Bericht über die Versammlung am Wochenanfang, in: Pädagogik 4, S. 10–13. Erneut abgedruckt in: von der Groeben, A. (2011): Rituale in Schule und Unterricht. 5. Aufl. Hamburg: Bergmann + Helbig.

Friedrichs, B. (2000): Nicht gleich von Null auf Hundert. Ein Bericht über die Versammlung am Wochenanfang. In: von der Groeben, A. (Hrsg.): Rituale in Schule und Unterricht. Hamburg: Bergmann + Helbig, S. 39–47.

Friedrichs, B. (2001): Klassenrat als Ritual. Eine ethnographische Studie an der Offenen Schule Kassel-Waldau. Kassel: Dissertationsschrift (Manuskript).

Friedrichs, B. (2002): Mit Ritualen Unterricht verbessern. Lernzeit strukturieren, Ruhephasen schaffen, Konflikte bearbeiten. In: Das Lehrerhandbuch 20. Berlin: Raabe.

Friedrichs, B. (2004): Den »Schattenseiten« auf der Spur - Schwierigkeiten und Paradoxien einer pädagogisch sinnvollen Institution am Beispiel Klassenrat. In: Ulrich, H. u. a. (Hrsg.): Das Andere Erforschen. Empirische Impulse zu Reform- und Alternativschulen. Wiesbaden: Verlag für Sozialwissenschaften, S. 223–234.

Friedrichs, B. (2004a): Kinder lösen Konflikte. Klassenrat als pädagogisches Ritual. Baltmannsweiler: Schneider Hohengehren.

Friedrichs, B. (2004b): Den Schattenseiten auf der Spur – Schwierigkeiten und Paradoxien einer pädagogisch sinnvollen Institution am Beispiel Klassenrat. In: Ulrich, H. et al. (Hrsg.): Das Andere Erforschen. Empirische Impulse zu Reform- und Alternativschulen, Wiesbaden, S. 223–234.

Friedrichs, B. (2009): Klassenrat. In: Edelstein, W./Frank, S./Sliwka, A.: Beltz-Praxis-Handbuch Demokratiepädagogik. Weinheim/Basel: Beltz.

Friedrichs, B. (2010): »Hier kann ich sagen, was mich bedrückt und was mich freut«. Klassenrat als Ort sozialen Lernens. In: Lernchancen H. 75/76, S. 32–37.

Friedrichs, B. (2011): Klassenrat als Ort gewaltfreier Konfliktlösung. In: Altenburg van Dieken, M./Rademacher, H. (Hrsg.): Konzepte zur Gewaltprävention in Schulen. Präsention und Intervention. Berlin: Cornelsen.

Friedrichs, B. (2011): Klassenrat – Sozialkompetenz entwickeln, Gemeinschaft fördern. In: Endres, W. u.a.: Methodenmagazin »Lernklima in der Sekundarstufe«. Weinheim und Basel, S. 64–69.

Friedrichs, B. (2012): Der Klassenrat. Schülerbeteiligung ist eine Möglichkeit der Gewalt-prävention. In: Pädagogik, H. 11, S. 14–17.

Giese, Ch./Schmermund, L./Haufe, K. (2004): Demokratie-Baustein »Klassenrat«. Eine Handreichung für die Praxis. BLK-Programm »Demokratie lernen und leben«. blk-demokratie.de/fileadmin/public/dokumente/Bausteine/bausteine_komplett/Klassenrat.pdf (Abruf 10.11.2013).

Girardin, J.-C. (1972): Célestin Freinet – ein revolutionärer Pädagoge. In: Gorz, A. (Hrsg.): Schule und Fabrik. Berlin: Merwe Verlag, S. 135–155.

Großmann, C. (2006): Projekt: Soziales Lernen. Ein Praxishandbuch für den Schulalltag. Mülheim: Verlag an der Ruhr.

Gudjons, H. (1997): Konflikte in der Schule – Bearbeitung und Lösung. Zur Einführung in den Themenschwerpunkt. In: Pädagogik 49, H. 10, S. 6f.

Heinzel, F. (2001): Kinder im Kreis. Kreisgespräche in der Grundschule als Sozialisationssituation. Halle-Wittenberg: Habilitationsschrift (Manuskript).

Hensel, S./Hensel, N. (2011): Klassenrat in der Grundschule, ein praktischer Leitfaden mit Kopiervorlagen, mit CD-ROM. Horneburg: Persen.

Himmelmann, G. (2003): Demokratie lernen und Politik lernen – ein Gegensatz? Veranstaltungsdokumentation. www.bpb.de/veranstaltungen/Demokratie_lernen_und_Politik_lernen_ein_Gegensatz.html (Abruf 10.8.2008).

Hövel, W. (1995): Demokratie im Klassenraum. Die Rechte der Kinder und der Klassenrat. In: Dietrich, I. (Hrsg.): Handbuch Freinet-Pädagogik. Eine praxisbezogene Einführung. Weinheim/Basel: Beltz, S. 46–72.

Jannan, M. (2010): Das Anti-Mobbing-Buch. Gewalt an der Schule – vorbeugen, erkennen, handeln. 2. Aufl. Weinheim/Basel: Beltz.

Jefferys-Duden, K. (2002): Konfliktlösung und Streitschlichtung. Das Sekundarstufen-Programm. 2. Aufl. Weinheim/Basel: Beltz.

Jefferys-Duden, K. (2008): Das Streitschlichter-Programm. Mediatorenausbildung für Schülerinnen und Schüler der Klassen 3 bis 6. 3. Aufl. Weinheim/Basel: Beltz.

Jörg, H. (1979): Célestin Freinet, die Bewegung »Moderne Schule« und das französische Schulwesen heute. In: Freinet, C.: Die moderne französische Schule, Paderborn: Schöningh, S. 143–257.

Katzenberger, P. (2008): »Klassenrat« am Ev. Mörike-Gymnasium Stuttgart. www.s.shuttle.de/s/emg/Kl_Rat/KLASSRAT.HTM (Abruf 20.1.2008).

Kiper, H. (1997): Selbst- und Mitbestimmung in der Schule. Das Beispiel Klassenrat. Baltmannsweiler: Schneider Hohengehren.

Korczak, J. (1967): Wie man ein Kind lieben soll. Göttingen: Vandenhoeck.

Kretschmer, W. (2007): Selbst gelernt hält besser. Bildung vermitteln heißt die Selbstlernfähigkeiten der Menschen stärken – ein Gespräch mit Rolf Arnold. www.uni-kl.de/paedagogik/arnold/Interview.pdf (Abruf 4.10.2008).

Laun, R. (1983): Freinet – 50 Jahre danach. Dokumente und Berichte aus drei französischen Grundschulklassen. Beispiele einer produktiven Pädagogik. Heidelberg: bvb-Edition Schmidt-Herb & Mehlig.

Lickona, T. (1983): Kooperation als Ziel und Methode moralischer Erziehung. In: Schreiner, G. (Hrsg.): Moralische Entwicklung und Erziehung, Braunschweig: Agentur Pedersen, S. 175–209.

Luhmann, N. (1997): Legitimation durch Verfahren. 4. Aufl. Frankfurt am Main: Suhrkamp (1. Auflage 1969).

Macht Kinder stark für Demokratie e. V. (makista) (Hrsg.) (2009): Kinderrechte machen Schule. Materialien zur Durchführung eines Projekttages.

Magdeburger Manifest (2005): www.mediation-partizipation.de/Magdeburger_Manifest_zur_Demokratiep_dagogik.pdf (Abruf 10.8.2008).

Makista (Hrsg.) (2013): Die Kinderrechte – kurz gefasst. www.kinderrechteschulen.de/wp-content/uploads/2013/03/Kinderrechte-Plakat-Kurzfassung.pdf (Abruf 2.9.2013).

Niedersächsisches Kultusministerium (Hrsg.) (2006): Kerncurriculum für das Gymnasium, Schuljahrgänge 5–10: Deutsch, Hannover.

Phelan, T.W./Schonour, S. J. (2005): Die 1-2-3-Methode für Lehrer. Konsequent zum Lernen motivieren und Störungen vermeiden. Mülheim: Verlag an der Ruhr.

Rattner, J. (1997): Alfred Adler – eine biographische Skizze. In: Kaminski, K./Mackenthun, G. (Hrsg.): Individualpsychologie auf neuen Wegen. Grundbegriffe – Individualpsychologie als angewandte Ethik – Psychotherapie – Charakterkunde. Würzburg: Königshausen und Neumann, S. 7–26.

Salomon, D. (2003): Der systemische Ansatz. Vortrag an der VHS Karlsruhe. www.salo.de/_data/Der_systemische_Ansatz.pdf (Abruf 16.8.2008).

Schreiner, G. (1983): Auf dem Weg zu immer gerechteren Konfliktlösungen – Neue Anmerkungen zur Kohlberg-Theorie. In: Ders. (Hrsg.): Moralische Entwicklung und Erziehung, Braunschweig: Agentur Pedersen, S. 103–132.

Siebert, G. (2003): Friedfertigkeit, Selbstbehauptung und Konfliktfähigkeit sind ebenso bedeutsam wie das Einmaleins. Aus der Arbeit der AG Streitschlichter an der Allgemeinen Förderschule Eberswalde. In: Pädagogik 55, H. 1, S. 13.

Sliwka, A./Frank, S. (2004): Service Learning. Verantwortung tragen in Schule und Gemeinde. Mit Kopiervorlagen. Weinheim/Basel: Beltz.

Stähling, R. (2003): Der Klassenrat – Fortführung reformpädagogischer Praxis. In: Burk, K./Speck-Hamdan, A./Wedekind, H. (Hrsg.): Kinder beteiligen – Demokratie lernen? Frankfurt am Main: Grundschulverband, S. 197–207.

Student, S./Portmann, R. (2007): Der Klassenrat – Beteiligung und Mitverantwortung von Anfang an. In: Eikel, A./de Haan, G. (Hrsg.): Demokratische Partizipation in der Schule ermöglichen, fördern, umsetzen.Schwalbach/Ts.: Wochenschau Verlag, S. 77–92.

Stundenbilder 1984 = Deutsche Verkehrswacht e.V. (Hrsg.) (1984): Stundenbilder für den Verkehrsunterricht in der Sek. I. Band III: Aggressionen im Straßenverkehr. II/13 Med. 6. Bonn: Deutsche Verkehrswacht.

Wilms, E./Wilms, H. (2007): Lions Quest »Erwachsen werden«. Life-Skills-Programm für Schülerinnen und Schüler der Sekundarstufe I. Handbuch für Lehrerinnen und Lehrer, 2. Ausgabe. Fachberatung K. Hurrelmann. 7. Aufl. Wiesbaden: Lions Quest.

Kopiervorlagen

Alle Kopiervorlagen können Sie auch als PDF-Datei im A4-Format downloaden. Außerdem eine Präsentation zum Klassenrat, die zum Beispiel für eine Informationsveranstaltung für Eltern genutzt werden kann. Sie finden diese auf der Produktseite zum Buch auf www.beltz.de. Passwort: KLAs_F72.

Übersicht über die Kopiervorlagen und Arbeitsblätter

KV 1

So leitest du den Klassenrat

1. Verlies das Protokoll.
   → Haben die Lösungen geklappt?

2. Wechselt die Ämter.

3. Besprecht die Themen der Wandzeitung:
   → Ich lobe … → Ich kritisiere … → Ich wünsche …

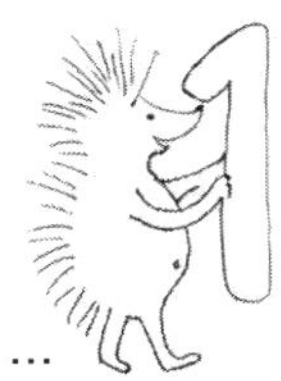

a) Nimm den dran, der den ersten Punkt angeschrieben hat.

b) Wurde jemand kritisiert?
Dann ist er oder sie jetzt dran!

c) Sprecht in der Klasse über das Problem und sucht gemeinsam nach möglichen Lösungen.

d) Entscheidet euch für eine Lösung (Abstimmung).

e) Der Protokollant schreibt die Lösung auf.

KV 2a

Klassenratsleitung – so kann's laufen

Ein Infoblatt zum Einarbeiten in den Klassenrat

Vorbereitung

- Räumt den Klassenraum um – errichtet einen Sitzkreis.
- Nimm die Blätter der Wandzeitung ab und hole dir das Klassentagebuch. Du benötigst beides im Klassenrat. Lies dir die Wandzeitung durch und prüfe:

  ? Kannst du alle Einträge lesen?

  ? Sind es viele Anliegen?
  Dann musst du heute besonders auf die Zeit achten!

  ? Gibt es einen Punkt, für den ihr besonders viel Zeit benötigt?
  Dann solltest du überlegen, ob du ihn ans Ende stellst.

Durchführung

- Leite den Klassenrat ein: *»Hiermit eröffne ich den Klassenrat.«*
- Frage die Klassensprecher/innen, ob sie etwas aus der SV zu berichten haben.
  Wenn dies der Fall ist, dann gib ihnen jetzt Gelegenheit für ihren Bericht.
- Verlies das Protokoll der letzten Klassenratssitzung. Frage nach:

  ? Wurden die Beschlüsse richtig festgehalten?

  ? Fehlt etwas?
  Dann bitte darum, dass dies im Protokoll der heutigen Sitzung festgehalten wird.

  ? Wurden eure Absprachen in der Zeit seit dem letzten Klassenrat eingehalten?
  Wenn sich eine Lösung nicht bewährt hat, müsst ihr jetzt nach einer besseren suchen!
- Bedanke dich bei der Protokollantin/dem Protokollanten für ihre/seine Mühe.
- Sorge dafür, dass die Ämter neu verteilt werden.
  Wenn ihr Klassenämter habt, die regelmäßig wechseln, dann solltest du jetzt dafür sorgen, dass sie neu verteilt werden – nach dem Besprechen der Wandzeitung bleibt oft keine Zeit mehr dafür!
- Leite die Diskussion über die Themen der Wandzeitung.
  → Ordne die Blätter der Wandzeitung in der Reihenfolge »Ich lobe … → Ich kritisiere … → Ich wünsche …«
  → Eine Anleitung zur Diskussionsleitung findest du auf der nächsten Seite.
  → Bei mehreren Lösungsvorschlägen lässt du abstimmen. Auch dazu findest du eine Anleitung auf der nächsten Seite.
- Schließe den Klassenrat: *»Hiermit beende ich den Klassenrat.«*

Im Anschluss an den Klassenrat

- Am Ende müsst ihr daran denken, dass Tische und Stühle wieder an ihren Platz gestellt werden.
- An die Wandzeitung kommen neue (unbeschriebene) Blätter.
- Wenn ihr einzelne Punkte aus Zeitgründen nicht besprechen konntet, dann übertragt diese auf die neue Wandzeitung.

KV 2b

Klassenratsleitung – so kann's laufen

Ein Infoblatt zum Einarbeiten in den Klassenrat

Die Diskussion leiten – so geht's!

Lies den ersten Eintrag vor und sage auch, wer ihn angeschrieben hat.
Bist du dir unsicher, ob der Eintrag noch aktuell ist? Dann frage die Verfasserin/den Verfasser des Eintrags danach.

Nimm die Verfasserin/den Verfasser dran, die/der den Punkt angeschrieben hat.
→ Sie/er erklärt das Anliegen nun genauer.

Bei Kritik: Jetzt ist die- oder derjenige dran, die/der kritisiert wurde.
→ Sie/er stellt dar, wie sie/er die Sache sieht.
→ *Wichtig:* Achte darauf, dass es erst weitergeht, wenn das Thema verständlich geworden ist.

Allgemeine Diskussion: Nun darf jeder etwas sagen.
→ Du rufst auf (oder deine Assistentin/dein Assistent).
→ Nimm die Redner entsprechend der Reihenfolge der Meldungen dran (Rednerliste führen!).

Habt ihr über einen Punkt ausführlich genug gesprochen, dann kommt zu einer Lösung:
→ Bitte deine Mitschüler/innen, Vorschläge für eine Lösung zu machen.
→ Frage nach: Akzeptieren die Betroffenen die Vorschläge?

Bei mehreren Lösungsvorschlägen lässt du abstimmen.

Abstimmen lassen über verschiedene Vorschläge – so geht's!

Du fasst die Lösungsvorschläge zusammen.

»Es wurden drei Vorschläge für Rosenmontag gemacht. Wir stimmen jetzt ab, was wir davon machen werden. Ich fasse die Möglichkeiten jetzt noch mal zusammen. Erstens: Wir gehen ins Kino. Zweitens: Wir verkleiden uns und tanzen. Drittens: Verkleiden ist freiwillig, und wir spielen Spiele.«

Nun fragst du: *»Wer ist für die erste Möglichkeit, dass wir ins Kino gehen?«*
→ Du zählst die Stimmen.
→ Notiere dir das Ergebnis (z. B. für alle sichtbar an der Tafel).
→ Mit den beiden anderen Vorschlägen verfährst du genauso.

Am Ende erkundigst du dich: *»Hat sich jemand enthalten?«* (also für keine der vorgeschlagenen Möglichkeiten gemeldet).
→ Auch die Enthaltungen werden gezählt und angeschrieben.
→ Wenn ihr alle Stimmen zusammenzählt, müssen es genauso viele sein wie die Zahl der anwesenden Schüler/innen.

Das Ergebnis jeder Abstimmung gehört ins Protokoll.

KV 3

Klassenrat leiten – so geht's!

1. **Beginn**
   »Hiermit eröffne ich den Klassenrat.«

2. **Bericht aus der SV**

3. **Protokoll verlesen**
   - Werden die Beschlüsse richtig wiedergegeben?
   - Haben die Absprachen geklappt?

4. **Ämter neu vergeben**
   - Namen auf dem Ämterplakat aktualisieren

5. **Notizen von der Wandzeitung besprechen**
   - Lob – Kritik – Wünsche
     - ❑ Klassenratsleiter/in liest Lob vor
     - ❑ Klassenratsleiter/in liest Wünsche/Kritik vor: Ist das noch aktuell?
     - ❑ Die Verfasserin, der Verfasser erläutert ihren/seinen Wunsch oder Kritik
       - *Bei Kritik:* Die oder der Kritisierte schildert, wie sie/er das Problem sieht.
     - ❑ Diskussion der ganzen Klasse
     - ❑ Suche nach möglichen Lösungen:
       - *Bei Kritik:* Wie wollen wir in Zukunft mit dem Problem umgehen?
       - *Bei einem Wunsch:* Stimmen wir als Klasse dem Wunsch zu? Wenn ja: Wie gehen wir vor, um ihn umzusetzen?
     - ❑ Beschlussfassung (oft durch Abstimmung)
     - ❑ Ergebnis ins Protokoll

6. **Ende**
   »Hiermit beende ich den Klassenrat.«

KV 4

Vorbereitung des Klassenrats

Damit der Klassenrat gelingt, ist eine **gute Vorbereitung** wichtig.

Der Klassenrat wird gemeinsam vorbereitet von …

- der Klassenratsleiterin/dem Klassenratsleiter
- der Assistentin/dem Assistenten
- der Zeitwächterin/dem Zeitwächter.

Wie geht ihr am besten vor?

→ Lest euch die Themen durch, die an der Wandzeitung stehen.

→ Wenn ihr glaubt, dass sich ein Thema schon erledigt hat: Fragt nach!

→ Erstellt eine **Tagesordnung**.
Die Tagesordnung enthält

- kurz und knapp die Themen, die eure Mitschüler/innen im Klassenrat besprechen möchten (s. Wandzeitung),
- eine Zeitangabe zu jedem Thema – wie viel Zeit darf die Besprechung des jeweiligen Themas dauern?

Klassenrat vom 1. März 2012

TOP 1: Lob (3 min)

TOP 2: Kritik an Kindern, die im Klassenraum Ball spielen (5 min)

TOP 3: Kritik an Kindern, die andere bei Gruppenarbeiten nicht mitmachen lassen (10 min)

TOP 4: Wunsch: Klären, was wir am Wandertag unternehmen (20 min)

✓ Tipp:

- Nummeriert die Themen durch (TOP 1, TOP 2 …)!
- Richtet euch bei der Abfolge der Themen nach der Reihenfolge auf der Wandzeitung!

KV 5

Vorlage für den Klassenratsbriefkasten

Mein Anliegen für den nächsten Klassenrat

❑ Ich lobe … ❑ Ich kritisiere … ❑ Ich wünsche … (Zutreffendes bitte ankreuzen)

____

weil ____

Datum, Uhrzeit Unterschrift

Mein Anliegen für den nächsten Klassenrat

❑ Ich lobe … ❑ Ich kritisiere … ❑ Ich wünsche … (Zutreffendes bitte ankreuzen)

____

weil ____

Datum, Uhrzeit Unterschrift

Mein Anliegen für den nächsten Klassenrat

❑ Ich lobe … ❑ Ich kritisiere … ❑ Ich wünsche … (Zutreffendes bitte ankreuzen)

____

weil ____

Datum, Uhrzeit Unterschrift

KV 6a

Phasen des Klassenrats: Protokoll verlesen und Ämterwechsel

KV 6b

Phasen des Klassenrats: Wandzeitung besprechen

KV 6c

Phasen des Klassenrats: Wandzeitung besprechen

KV 6d

Phasen des Klassenrats: »Erst der Kritisierende, dann der Kritisierte«

KV 6e

Phasen des Klassenrats: Diskussion und Lösung (Abstimmung)

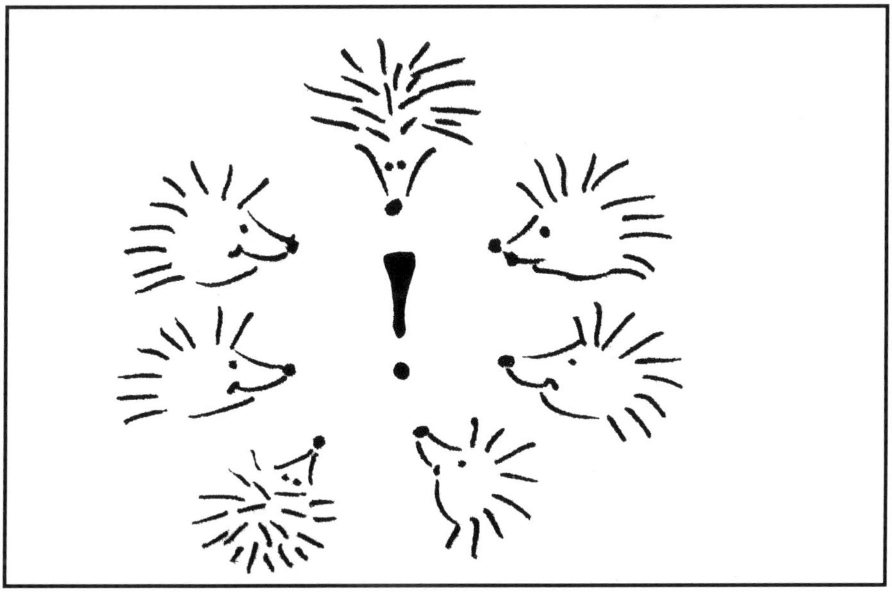

KV 6f

Phasen des Klassenrats: Lösung aufschreiben (Protokoll)

KV 7a

Ämterkarten für den Klassenrat (Grundschule): Leiter/in

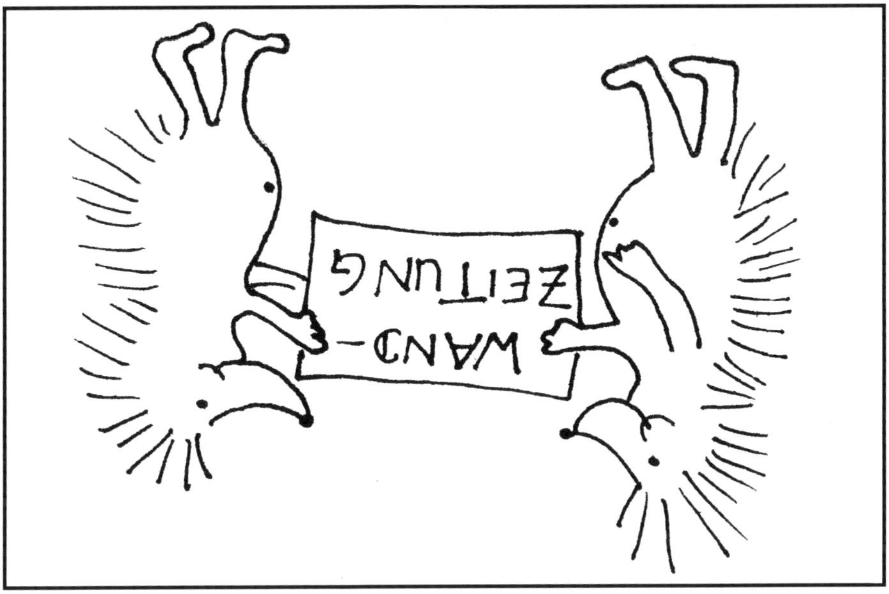

KV 7b

Ämterkarten für den Klassenrat (Grundschule): Assistent/in

KV 7c

Ämterkarten für den Klassenrat (Grundschule): Protokollverleser/in

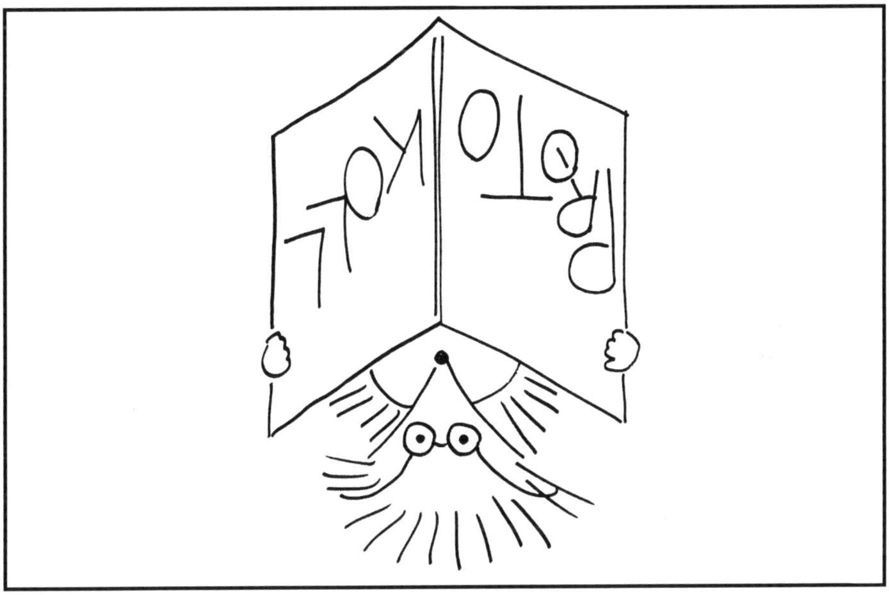

KV 7d

Ämterkarten für den Klassenrat (Grundschule): Protokollant/in

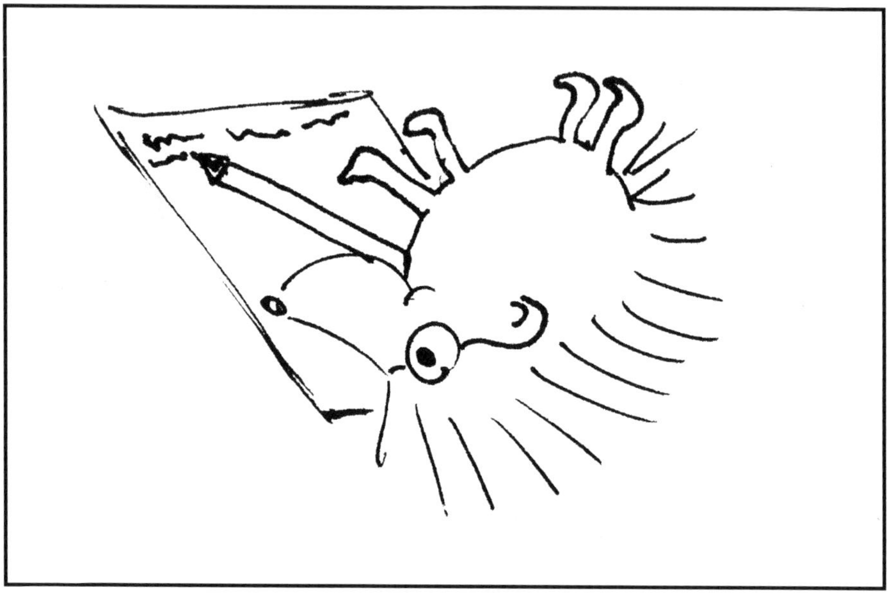

KV 7e

Ämterkarten für den Klassenrat (Grundschule): Zeitwächter/in

KV 7f

Ämterkarten für den Klassenrat (Grundschule): Regelwächter/in

KV 8a

Ämterkarten für den Klassenrat (Sekundarstufe): Klassenratsleiter/in

Als Leiterin/Leiter des Klassenrats ist es deine Aufgabe, die Sitzung zu leiten. Du eröffnest den Klassenrat und beendest ihn am Ende der Stunde.

- Du nennst die Themen, über die gesprochen wird.
- Wenn ein Thema hinreichend geklärt wurde, sorgst du dafür, dass eine Lösung verabredet wird.
- Halte dich aus der inhaltlichen Diskussion möglichst heraus – wer leitet, der diskutiert nicht mit!

Werte nicht!
Kommentiere nicht!
Ergreife nicht Partei für eine Person oder eine Meinung!

Du benötigst:

- ✓ den Merkzettel »Klassenrat leiten – so geht's!«
- ✓ den Zettel der Wandzeitung

Klassenrats-leiter/in

KV 8b

Ämterkarten für den Klassenrat (Sekundarstufe): Assistent/in

Als Assistentin/Assistent ist es deine Aufgabe, die Leiterin/den Leiter des Klassenrats zu unterstützen. Deine Hauptaufgabe ist es, die **Rednerliste** zu führen und in der Reihenfolge der Rednerliste dranzunehmen.

Du benötigst:

- ✓ ein Klemmbrett
- ✓ einen Stift

Schreibe alle Mitschüler/innen auf, die sich melden. Nach jedem Beitrag nimmst du die/den Nächste/n von der Rednerliste dran. Streiche die Namen derjenigen durch, die du aufgerufen hast.

Wenn mehr als 5 Namen auf deiner Liste stehen, solltest du überlegen, ob die Zeit für weitere Beiträge ausreichen wird.

Wenn sie eher nicht ausreicht, sagst du:

»Hiermit schließe ich die Rednerliste.«

Das bedeutet: Zum aktuellen Thema kommen nur noch diejenigen dran, die bereits auf der Rednerliste stehen.

Assistent/in

KV 8c

Ämterkarten für den Klassenrat (Sekundarstufe): Protokollant/in

Am Anfang des nächsten Klassenrats liest du dein Protokoll vor.

Schreibe nach dem Klassenrat das Protokoll ins Klassenratsbuch.

Du benötigst:

- ✓ die Vorlage »So führst du Protokoll«
- ✓ ein Klemmbrett
- ✓ einen Stift

Klassenrat vom …

Leiter/in: _____ *Assistent/in:* _____
Regelwächter/in: _____
Zeitwächter/in: _____
Protokollant/in: _____

TOP 1: Lob

TOP 2: … kritisiert, dass …
Wir beschließen …

TOP 3: … wünscht sich, dass wir …
Wir beschließen …

Datum *Unterschrift Protokollant/in*

Wichtig: **Halte die Beschlüsse genau fest!**

Wenn du eine Lösung nicht richtig verstanden hast, dann frage nach!

Als Protokollantin/Protokollant ist es deine Aufgabe, ein **Ergebnisprotokoll** anzufertigen. Das bedeutet: Du hältst schriftlich fest, was heute im Klassenrat vereinbart wird.

Ein Protokoll ist wichtig, damit man Beschlüsse zu einem späteren Zeitpunkt nachlesen kann.

Protokollant/in

KV 8d

Ämterkarten für den Klassenrat (Sekundarstufe): Zeitwächter/in

Für den Klassenrat habt ihr 45 Minuten Zeit.

Deine Aufgabe ist es, dafür zu sorgen, dass ihr die Zeit gut einteilt und euch nicht verzettelt!

Du benötigst:

- ✓ eine Uhr
- ✓ die Tagesordnung mit Zeitangaben (am besten an der Tafel)

Vor dem Klassenrat besprichst du mit der Klassenratsleitung (Leiter/in und Assistent/in), wie viel Zeit jeder Tagesordnungspunkt (TOP) in etwa dauern darf.

> Wir haben noch 2 Minuten für dieses Thema und sollten jetzt zur Entscheidung für eine Lösung kommen!

2 Minuten vor dem Ende eines TOPs erinnerst du an die Zeit.

5 Minuten vor Stundenende weist du darauf hin, dass die Stunde bald zu Ende ist – damit Zeit bleibt für die Beendung des letzten TOPs und für eine Rückmeldung durch die Beobachter/innen oder ein Blitzlicht.

Zeitwächter/in

KV 8e

Ämterkarten für den Klassenrat (Sekundarstufe): Regelwächter/in

Du achtest darauf, dass keine/r den Klassenrat stört.

Wenn ein/e Mitschüler/in reinruft oder auf andere Weise stört, ermahnst du sie/ihn und notierst dir den Namen.

Stört sie/er noch einmal, dann darfst du sie/ihn für 5 Minuten aus dem Kreis schicken.

Sie/er darf sich dann nicht am Gespräch beteiligen, auch nicht an Abstimmungen.

Regelwächter/in

KV 9

Wie schreibe ich ein Protokoll?

Protokoll des Klassenrates vom ______________

Leitung: ______________ Das Protokoll schreibt: ______________

Die Rednerliste führt: ______________ Regelwächter/in ist: ______________

Überprüfung der Vereinbarungen aus dem letzten Protokoll vom ______________

❑ Die Beschlüsse wurden im Protokoll richtig wiedergegeben.

❑ Die Absprachen wurden eingehalten.

❑ Nicht geklappt hat: ______________

Mitteilungen: ______________

____

Themen heute:

1. ______________
2. ______________
3. ______________
4. ______________

Vereinbarungen zu den Themen:

- Welche Regeln wurden vereinbart?
- Wer macht was? Mit wem? Bis wann?

Zu 1. ______________

____

Zu 2. ______________

____

Zu 3. ______________

____

Zu 4. ______________

____

Datum: ______________ Unterschrift Protokollant/in: ______________

KV 10a

Wie schreibe ich ein Protokoll?

Diese Vorlage hilft dir beim Abfassen deines Protokolls. Bemühe dich, gut und übersichtlich zu schreiben. Du kannst Überschriften hervorheben, indem du sie unterstreichst und/oder eine andere Farbe verwendest. Wenn du möchtest, kannst du dein Protokoll verschönern (zum Beispiel mit kleinen Zeichnungen).

Klassenratsprotokoll vom ____________

Leiter/in: ____________ Assistent/in: ____________

Zeitwächter/in: ____________ Regelwächter/in: ____________

Protokollant/in: ____________

Es fehlen:

____

Lob

Gelobt wird

____________, weil er/sie ____________.

____________, weil er/sie ____________.

Kritik

1. ____________ kritisiert, dass ____________.

Wir beschließen, dass ____________.

2. ____________ kritisiert, dass ____________.

Wir beschließen, dass ____________.

Wünsche

____________ wünscht sich, dass ____________.

Beschluss der Klasse: ____________

____________.

Abstimmungsergebnis: ____ Ja-Stimmen, ____ Nein-Stimmen, ____ Enthaltungen

____________ ____________

Datum Unterschrift Protokollant/in

KV 10b

Protokollieren im Klassenrat

Klassenratsprotokoll vom ______________________

Leiter/in: ______________________ Assistent/in: ______________________

Es fehlen:

____

Tagesordnung

TOP 1: Bericht aus der SV

TOP 2: Verlesen des Klassenratsprotokolls vom ______________________

TOP 3: ____

TOP 4: ____

TOP 5: ____

zu TOP 1: ______________________ berichtet von der letzten SV-Sitzung Folgendes:

a) ____.

b) ____.

zu TOP 2: Das Protokoll vom ______________ wird angenommen.

Achtung: Wenn es Korrekturen gibt oder neue Lösungen verabredet werden, müssen diese ins Protokoll aufgenommen werden!

zu TOP 3: ______________ lobt ______________, weil ______________________.

zu TOP 4: ______________ kritisiert, dass ______________________________.

Wir beschließen mit ____ Ja-Stimmen, ____ Gegenstimmen und ____ Enthaltungen, dass

____.

zu TOP 5: ______________ erläutert ihren/seinen Wunsch, ______________________.

Wir beschließen, dass ____.

______________________ ______________________

Datum Unterschrift Protokollant/in

KV 10c

Was ist ein gutes Protokoll?

Ein Protokoll ist eine Form des Berichts. In der Regel handelt es sich um die schriftliche Wiedergabe einer Diskussion, Konferenz, Verhandlung oder, im schulischen Rahmen, einer Unterrichtsstunde bzw. eines Versuchs. Im Zusammenhang der Gerichtsbarkeit, in dem das Protokoll seinen Ursprung hat, ist es die Aufgabe von Protokollen, Verlauf und Inhalt von Gerichtsprozessen zu beurkunden und in beweisähnlicher Form darzulegen.

Man unterscheidet zwischen zwei Grundformen:

- Das **Ergebnisprotokoll** informiert ausschließlich über die Ergebnisse einer Veranstaltung bzw. eines Experiments.
- Das **Verlaufsprotokoll** hält darüber hinaus auch den Weg, der zu den erzielten Ergebnissen führte, fest – den Diskussionsverlauf bzw. den Ablauf eines naturwissenschaftlichen Experimentes. Dies kann bis zur Wiedergabe des genauen Wortlauts wichtiger Äußerungen gehen.

Äußere Form eines Protokolls

Ein Protokoll besteht aus

- einem **Protokollkopf** (Titel der Veranstaltung, Datum, Uhrzeit, Anwesende, Abwesende, Protokollant/in, Thema bzw. Themen),
- der knappen Aufführung der **Tagesordnung**,
- dem **Hauptteil**, gegliedert nach den Tagesordnungspunkten (TOPs),
- **Datum und Unterschrift** der Protokollantin bzw. des Protokollanten.

Sprachliche Gestaltung

- Ein Protokoll muss **sachlich, knapp und präzise** sein. Es darf **keine Kommentare** der Verfasserin bzw. des Verfassers enthalten.
- Tempus des Protokolls ist das **Präsens**.
- Redebeiträge einzelner Teilnehmer/innen werden – falls den Schülern geläufig – in der **indirekten Rede** (Konjunktiv) wiedergegeben.

KV 10d

Fragen zum Thema »Protokoll«

1. Welche Formen von Protokollen sind zu unterscheiden? Halte in Stichworten die wesentlichen Merkmale des jeweiligen Protokolltypus fest.

a) ____

____

____

b) ____

____

____

2. In welchen Situationen kann es in der Schule sinnvoll sein, Protokolle anzufertigen? Nenne Beispiele.

→ ____

→ ____

→ ____

3. Wie sollte ein Ergebnisprotokoll aufgebaut sein? Notiere in Stichworten.

→ ____

→ ____

→ ____

→ ____

4. Welche Regeln sind beim Verfassen eines Ergebnisprotokolls unbedingt zu beachten? Formuliere die Regeln in deinen eigenen Worten.

→ ____

→ ____

→ ____

→ ____

→ ____

→ ____

KV 11

Klassenratsregeln

REGELN FÜR DEN KLASSENRAT

1. Wenn ich etwas sagen möchte, melde ich mich – ich rufe nicht dazwischen.
2. Ich höre zu und bin aufmerksam.
3. Ich verhalte mich ruhig und führe keine »Seitengespräche«.
4. Ich spreche die/den andere/n direkt an (»Du«) und spreche nicht über sie oder ihn.
5. Besprochen wird nur, was auf der Wandzeitung steht.
6. Wir sprechen nur über Personen, die anwesend sind.
7. Wenn ich mich über jemanden ärgere, spreche ich sie/ihn darauf an – nur wenn das nichts nützt, kann ich meine Kritik an die Wandzeitung schreiben.
8. Wenn ich etwas zum Gesprächsverlauf sagen möchte, melde ich mich mit zwei Fingern – dann werde ich als Nächste/r drangenommen.

KV 12a

Das Klassentagebuch

Ein Klassentagebuch ist ein Buch, das eine Klasse ein Schuljahr lang führt, um darin festzuhalten, was für die Schüler/innen von Bedeutung ist. Grundsätzlich gibt es zwei Möglichkeiten:

1. Ein Tagebuch für jeden Tag

Darin führt ihr Tagebuch über jeden Tag. Freiwillig oder nach einer zuvor festgelegten Reihenfolge (zum Beispiel der Klassenliste) übernimmt jeden Tag eine andere Schülerin oder ein anderer Schüler die Aufgabe, einen kleinen Bericht über das Tagesgeschehen in der Klasse zu verfassen. Alternativ ist es auch möglich, über das zu schreiben, was man am Nachmittag erlebt hat.

Dabei sollte die »literarische Form« des Tagebuchtextes nicht festgelegt sein – das Experimentieren mit sprachlichen Ausdrucksformen ist ausdrücklich erlaubt!

Auf diese Weise entsteht eine Dokumentation der gemeinsamen Zeit aus Schülersicht. Wenn es in eurer Klasse einen Morgenkreis gibt, könnt ihr den Tagebucheintrag am folgenden Tag im Morgenkreis vorlesen.

2. Ein Tagebuch für die »Highlights« des Klassenlebens

Es gibt auch eine »kleinere Lösung«, nämlich dass ihr immer dann, wenn ihr möchtet, ins Klassentagebuch schreibt. Grundsätzlich sollte jedes größere gemeinsame Erlebnis (Beginn eines neuen Schuljahrs, Ausflug, Feier, Projekt …) im Klassentagebuch dokumentiert werden, und zwar durch freiwillige Autor/innen. Diese Berichte können durch Fotos und andere Dokumente ergänzt werden.

Außerdem könnt ihr in größeren Abständen auch kurze Kommentare zu Stichwörtern wie »Meine Meinung zu unserer Schule/meiner Klasse …«, »Bei unserer Faschingsfeier hat mir besonders gefallen ...« oder »Meine Ferien« ins Buch schreiben.

In jedem Fall gehören an den Anfang eines Klassentagebuches ein ansprechend gestaltetes Deckblatt, die Namen der Schüler/innen und Lehrer/innen sowie ein Klassenfoto.

Ob »große« oder »kleine« Form – in jedem Fall werden alle Klassenratsprotokolle ins Klassentagebuch geschrieben oder eingeklebt.

KV 12b

Das Klassentagebuch

Was geschieht mit dem Klassentagebuch, wenn die Klasse auseinandergeht?

- Wenn ein Kind die Klasse verlassen muss, kann man ihm ein Buch mit Kopien aus dem Klassentagebuch als Erinnerung mit auf den Weg geben.
- Eine Auswahl der Texte und Fotos kann am Ende jedes Schuljahres oder der gemeinsamen Schulzeit für alle Schüler/innen und Lehrer/innen kopiert und zu einem Buch gebunden werden – für viele eine wertvolle Erinnerung.

Beispiel: Einleitung eines Erinnerungsbuches

Sommer 2009

Liebe/r Lara, Franziska, Jannik, Florian, Andrea, Liane, Sabine, Stefan, Samuel, Susi, Konrad, Marcel, Britta, Torben, ...

drei Jahre seid ihr nun schon auf unserer Schule, drei Jahre lang konnte ich eure Klassenlehrerin sein - eine für uns alle, denke ich, schöne Zeit.

In den letzten Tagen haben wir uns erinnert an Silke, Laurin, Manuel, Sibylle und Fanny, die unsere Klasse verlassen mussten, an Lehrerinnen und Lehrer, bei denen ihr Unterricht hattet, und an vieles, was wir gemeinsam erlebt haben: die Klassenfahrt nach ..., unser Filmprojekt, die von euch gestaltete Adventsandacht und die Spendenaktion für ..., die Besichtigung der Zeitung und den Ausflug nach ..., Klassenfeste mit den Eltern, und nicht zuletzt unseren Klassenrat. Einige von euch waren auch immer wieder bereit, in unserem Klassentagebuch von gemeinsamen Erlebnissen zu berichten.

»Wer bekommt die Klassentagebücher eigentlich am Ende?«, habt ihr mich gerade in letzter Zeit manchmal gefragt. »Die behalte ich und zeige sie euch dann später bei Klassentreffen!«, war meine Antwort, die nicht jedem von euch gefallen hat. Herausgehört habe ich, dass auch ihr gerne an die Jahre in der sechsten, siebten und achten Klasse eine Erinnerung haben möchtet, die man immer mal wieder in die Hand nehmen kann, um darin zu blättern und zu schmunzeln: »Wie klein wir mal waren ..., was hatten wir damals nur für Probleme ..., wisst ihr noch ...?«

Frau Meyer und ich haben eure Klassentagebücher noch einmal gelesen, uns zurückerinnert, gestaunt, gelacht und einige Seiten ausgewählt, die beispielhaft wiedergeben, was ihr und wir im Laufe der Zeit miteinander unternommen und auch besprochen haben (Klassenratsprotokolle).

Viel Freude beim Lesen!

KV 13

Das Ritual der stillen Minute

Ein Merkblatt für die Lehrkraft

Das »Ritual der stillen Minute« intendiert, dass alle Schüler/innen einer Klasse durch einen rituellen Rahmen dazu geführt werden, zur Ruhe zu kommen, indem sie für einen Zeitraum von ein, zwei oder drei Minuten vollständig ruhig sind. Das fällt Schüler/innen in der Regel nicht leicht. Deshalb sollten sie angeregt werden, eine entspannte Sitzhaltung einzunehmen. Ein zuvor vereinbartes Klangsignal läutet die stille Minute ein.

Hinführung

»Setz dich bequem hin. Lege dann den Kopf in deine Arme auf den Tisch. Du kannst die Augen dabei schließen. Wenn du unseren Ton hörst, sei bitte für eine Minute ganz ruhig. Achte darauf, was du dann hörst. Versuche einmal zu spüren, wie lang eine Minute ist.«

Es sollte Wert darauf gelegt werden, dass die Schüler/innen die beschriebene Haltung einnehmen – das erleichtert das Entspannen und verhindert, dass Mitschüler/innen sich beobachtet fühlen. Mit einem Klangsignal wird die stille Minute »eingeläutet«. Als Instrument eignet sich ein Oberton-Klangstab (erhältlich in Musikgeschäften) oder eine Klangschale.

Abschluss

»Die Minute ist um. Du kannst jetzt deine Augen langsam wieder öffnen. Setz dich allmählich wieder normal hin. Versuche, die ruhige Stimmung in dir zu behalten.«

Im Anschluss an die stille Minute kann den Schüler/innen Gelegenheit gegeben werden, von den Geräuschen zu berichten, die sie während der Ruhephase wahrgenommen haben. Die Stimmung im Klassenraum wird sich spürbar entspannen. Anschließend kann wieder gearbeitet werden, konzentrierter und ruhiger als zuvor.

Der Klangstab

Der Klangstab lässt sich auch unabhängig vom »Ritual der stillen Minute« zur Herstellung von Ruhe einsetzen. Allerdings sollte dies sparsam geschehen. Es kann vereinbart werden, dass jeder, der den Klang hört, einen Arm hebt. Damit der Klangstab etwas Besonderes bleibt, sollte seine Verwendung der Lehrerin bzw. dem Lehrer vorbehalten bleiben – mit Ausnahme des Klassenrats, denn dort wird er zum Ruhesignal der Klassenratsleitung.

KV 14

Konzentrationsübung »Muskelspiele«

Die Muskelspiele stammen aus einem Konzentrationsprogramm für Kinder (Endres/Bernard 1999), entwickelt wurden sie von einem Sportarzt. Erfolgreich werden sie beispielsweise in der Arbeit mit Kindern mit AD(H)S eingesetzt. Sinnvoll ist es, sie unmittelbar vor dem Klassenrat durchzuführen.

Die Übungen dauern etwa zwei Minuten, sie lassen sich sowohl im Unterricht als auch zu Hause (vor und ein- bis zweimal während der Hausaufgaben) durchführen.

»Die Muskelspiele sind zwölf Miniübungen. Jede dauert sechs Sekunden.«
(Langsam von 21 bis 26 zählen, in der Einübungsphase laut, später still.)

»Lass deine Muskeln bei den Übungen spielen. Jede Übung wird mit stärkster Anstrengung durchgeführt, und ohne Pause folgt eine Übung auf die andere. Dabei musst du gut durchatmen. Du darfst den Atem nicht anhalten.«

»Setz dich auf die vordere Hälfte des Stuhls. Dein Oberkörper ist aufgerichtet. Deine Füße stehen fast auf dem Boden.«

Muskel 1: • Füße gegen den Bauch stemmen • Po und Bauch spannen • Kopf Richtung Decke schieben • Blick nach vorne 	Muskel 2: • Linke Hand auf rechtes Knie legen • Rechte Ferse vom Boden heben • Hand und Knie fest gegeneinander drücken 
Muskel 3: • Rechte Hand auf linkes Knie legen • Linke Ferse vom Boden heben • Hand und Knie fest gegeneinander drücken 	Muskel 4: • Hände umfassen seitlich den Sitz • Der Oberkörper ist aufgerichtet • Hände ziehen den Sitz fest zum Po • Der Rücken ist gestreckt 
Muskel 5: • Beide Hände auf den Bauch legen • Einatmen gegen den Widerstand der Hände • Ausatmen ohne Druck der Hände 	Muskel 6: • Schultern so weit wie möglich nach hinten ziehen • Schulterblätter sollen sich nähern 
Muskel 7: • Hände hinter dem Kopf falten • Den Kopf fest dagegen stemmen 	Muskel 8: • Die gefalteten Hände auf die Stirn legen • Den Kopf fest dagegen stemmen 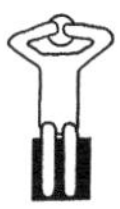
Muskel 9: • Rechte Hand fest an die Schläfe drücken • Der Kopf drückt fest dagegen 	Muskel 10: • Linke Hand fest an die Schläfe drücken • Der Kopf drückt fest dagegen 
Muskel 11: • Körper ganz locker hängen lassen • Augen geschlossen halten • Sechs mal sagen: „Ich bin völlig entspannt.« 	Muskel 12: • Augen öffnen • Hände auf die Knie legen • Oberkörper aufrichten • Arme durchstrecken • Tief durchatmen 

(Endres/Bernard 1999, S. 109ff.)

KV 15a

Regeln für gutes Zuhören

1. Ich höre aufmerksam zu und interessiere mich für das, was mein Gesprächspartner erzählt.

2. Ich unterbreche nicht.

3. Ich gebe keine Kommentare und werte nicht.

4. Ab und zu gebe ich in meinen eigenen Worten wieder, was ich verstanden habe:
   - »Habe ich es richtig verstanden, dass du …«
   - »Wenn ich dich richtig verstanden habe, dann …«

5. Ich achte darauf, welche Gefühle ich bei meinem Gesprächspartner wahrnehme, und kann diese ansprechen:
   - »Ich habe den Eindruck, dass du … bist.«

6. Wenn ich etwas nicht verstehe, frage ich nach.

7. In Konfliktgesprächen gebe ich erst knapp wieder, was mein Gegenüber gesagt hat. Dann sage ich, wie ich über das Thema denke oder wie ich die Situation sehe.

KV 15b

»Bin ich ein guter Zuhörer?«

Wie siehst du dich selbst? Kreuze an.

	Die Aussage trifft auf mich ... zu			
	ganz	weitgehend	teilweise	noch nicht
Ich sitze meinem Gesprächspartner zugewandt gegenüber.				
Ich halte Blickkontakt mit meinem Gesprächspartner.				
Ich konzentriere mich auf meinen Gesprächspartner und lasse mich nicht ablenken.				
Ich unterbreche meinen Gesprächspartner nicht durch das Einbringen eigener Ideen oder anderer Themen.				
Ich frage nach, wenn ich mir unsicher bin, ob ich etwas richtig verstanden habe.				
Ich achte auf Gefühlsäußerungen und Meinungen meines Gesprächspartners und frage nach, ob ich diese richtig wahrnehme.				
Gelegentlich fasse ich zusammen, was ich verstanden habe.				
Ich kommentiere die Sichtweise meines Gesprächspartners nicht.				
Innerlich interessiere ich mich für das, was mein Gegenüber mir erzählt.				
Ich respektiere meinen Gesprächspartner und finde es normal, dass er manches anders sieht und beurteilt als ich.				
Im nächsten Gespräch achte ich besonders darauf, dass ich …				

KV 16a

Rollenspiel zur »begründeten Ich-Botschaft«

Vorbereitung

- Wähle mit deinen Mitspieler/innen eine Situation aus, in die ihr euch gut hineinversetzen könnt.
- Entscheide gemeinsam mit den anderen, wer welche Rolle übernimmt.
- Wähle für deine Rolle einen Namen, den es in deiner Klasse *nicht* gibt.
- Schreibe deinen Rollennamen auf Kreppband und hefte ihn dir gut sichtbar an.

Situationen

Du hast einer Freundin/einem Freund dein Lieblingsbuch ausgeliehen. Zwei Wochen später gibt sie/er es dir wieder – verknickt und schmuddelig. Sie/er sagt nichts dazu.

→ *Wie reagierst du?*

Gemeinsam mit einer Mitschülerin/einem Mitschüler hast du zurzeit ein Amt (zum Beispiel Fegedienst, Tafeldienst oder Klassenbuchdienst). Gestern ist sie/er wieder mal einfach nach Hause gegangen und hat dich mit der Arbeit alleingelassen. Jetzt reicht es dir!

→ *Wie reagierst du bei der nächsten Begegnung?*

Du hast deine neue Jacke über die Stuhllehne gehängt. Eine Mitschülerin/ein Mitschüler geht so nah an deinem Platz vorbei, dass die Jacke auf den dreckigen Boden fällt. Sie/er geht einfach weiter und lässt die Jacke liegen.

→ *Wie verhältst du dich jetzt?*

KV 16b

Rollenspiel zur »begründeten Ich-Botschaft«

Vorbereitung

- Wähle mit deinen Mitspieler/innen eine Situation aus, in die ihr euch gut hineinversetzen könnt.
- Entscheide gemeinsam mit den anderen, wer welche Rolle übernimmt.
- Wähle für deine Rolle einen Namen, den es in deiner Klasse *nicht* gibt.
- Schreibe deinen Rollennamen auf Kreppband und hefte ihn dir gut sichtbar an.

Situationen

Du hast einer Freundin/einem Freund deine Lieblings-CD ausgeliehen. Nachdem du sie/ihn mehrmals daran erinnert hast, gibt sie/er dir die CD wieder – ohne Schutzhülle und verkratzt. Sie/er sagt nichts dazu.

→ *Wie reagierst du?*

Du hast einer Freundin/einem Freund ein Geheimnis anvertraut. Sie/er hat versprochen, es für sich zu behalten. Als du heute in die Klasse kommst, tuscheln die anderen.
Du merkst, dass sie dein Geheimnis kennen!
Deine Freundin/dein Freund steht in der Gruppe deiner Mitschüler/innen.

→ *Wie reagierst du?*

Du hast dir viel Mühe mit einer schwierigen Hausaufgabe gegeben. Deine Freundin/dein Freund hat die Hausaufgabe mal wieder nicht gemacht. Sie/er bittet dich wie selbstverständlich, ihr/ihm dein Heft zu geben, damit sie/er die Aufgaben abschreiben kann.
Du gibst ihr/ihm deine Mappe, allerdings ungern. Kurze Zeit später siehst du deine Freundin/deinen Freund umringt von anderen Mitschüler/innen. Alle schreiben deine Hausaufgabe ab. Dann gibt deine Freundin/dein Freund dir die Mappe zurück.

→ *Wie verhältst du dich?*

KV 17

Schilder zur »begründeten Ich-Botschaft«

BEGRÜNDETE ICH-BOTSCHAFT
Wenn du …
bin ich …
weil …
und ich möchte …

KV 18a

Begründete Ich-Botschaften – Situationen

Suche dir aus der folgenden Zusammenstellung mindestens zwei Situationen aus, in die du dich gut hineinversetzen kannst. Du kannst dir auch selbst Situationen ausdenken. Schreibe dazu eine begründete Ich-Botschaft.

1. Du bist in einer Sportart nicht gut. Heute darf deine beste Freundin/dein bester Freund im Sportunterricht eine Mannschaft wählen – sie/er wählt dich erst am Ende aus.	2. Du hast deiner Freundin/deinem Freund dein Lieblings-T-Shirt geliehen. Als sie/er es dir zurückgibt, hat es ein Loch.
3. Du hast einen Schokoriegel geschenkt bekommen. Auf dem Heimweg von der Schule freust du dich darauf, ihn zu essen – doch als du nach Hause kommst, hat deine Schwester/dein Bruder ihn schon gegessen.	4. Bei der Klassenarbeit versuchst du, von deiner Nachbarin/deinem Nachbarn abzuschreiben – da stützt sie/er sich so auf dem Tisch ab, dass du nichts mehr erkennen kannst.
5. Du hast deiner besten Freundin/deinem besten Freund anvertraut, dass du in jemanden verliebt bist. Das weiß sonst niemand. Als du am nächsten Tag in die Klasse kommst, ist an der Tafel ein Herz mit euren Namen angemalt.	6. Deine Tischnachbarin/dein Tischnachbar nimmt sich deinen Füller, ohne dich zu fragen.
7. Nach der letzten Stunde stürmen alle zur Tür. Dabei schubst dich eine Mitschülerin/ein Mitschüler so, dass du hinfällst.	8. Ein/e Mitschüler/in wäscht sich am Waschbecken in eurem Klassenraum die Hände. Anschließend schüttelt sie/er/ihre/seine Hände aus – dabei tropft Wasser auf dein Heft und die Tinte verläuft.
9. Du kommst in die Klasse und siehst eine Gruppe von Mädchen (Jungen) miteinander tuscheln. Als sie dich sehen, sind sie sofort still.	10. Eine Mitschülerin/ein Mitschüler ruft dich mit einem beleidigenden Namen (»Dumme Kuh«, »Brillenschlange«). Alle lachen.
11. In der kleinen Pause bist du auf den Flur gegangen. Als du wieder in den Klassenraum gehen möchtest, wird die Tür von innen zugehalten.	12. Deine Sitznachbarin/dein Sitznachbar wirft mit Papierkügelchen durch den Klassenraum. Die Lehrerin macht dich dafür verantwortlich – keiner sagt etwas dazu.
13. ____________ ____________ ____________	14. ____________ ____________ ____________

KV 18b

Situationskarten für Rollenspiele (»Giraffensprache«/ »begründeten Ich-Botschaft«)

In der letzten Sportstunde habt ihr Fußball gespielt. Das kannst du nicht so gut. Dein bester Freund durfte eine Mannschaft wählen – dich hat er erst am Ende gewählt.	Du hast deiner Freundin/deinem Freund dein Lieblings-T-Shirt geliehen. Als sie/er es dir zurückgibt, hat es ein Loch.
Du hast deiner besten Freundin/deinem besten Freund anvertraut, dass du in jemanden verliebt bist. Das weiß sonst niemand. Als du am nächsten Tag in die Klasse kommst, ist an der Tafel ein Herz mit euren Namen angemalt.	Deine Tischnachbarin/dein Tischnachbar nimmt sich deinen Lieblingsstift, ohne dich zu fragen.
Nach der letzten Stunde stürmen alle zur Tür. Dabei schubst dich eine Mitschülerin/ein Mitschüler so, dass du hinfällst.	Ein Mitschüler wäscht sich am Waschbecken in eurem Klassenraum die Hände. Anschließend schüttelt er seine Hände aus – dabei tropft Wasser auf dein Heft.
Du kommst in die Klasse und siehst eine Gruppe von Mädchen (Jungen) miteinander tuscheln. Als sie dich sehen, sind sie sofort still.	Eine Mitschülerin/ein Mitschüler beleidigt dich. Alle lachen.
In der kleinen Pause bist du auf den Flur gegangen. Als du wieder in den Klassenraum gehen möchtest, wird die Tür von innen zugehalten.	Deine Sitznachbarin/dein Sitznachbar wirft mit Papierkügelchen durch den Klassenraum. Die Lehrerin/der Lehrer gibt dir die Schuld – keiner sagt etwas dazu.

KV 18c

Begründete Ich-Botschaften formulieren

Begründete Ich-Botschaft zu Situation Nr. ____

Wenn du ______________________________

______________________________,

bin ich ______________________________

______________________________,

weil ______________________________

____

und ich möchte ______________________________

____

Begründete Ich-Botschaft zu Situation Nr. ____

Wenn du ______________________________

______________________________,

bin ich ______________________________

______________________________,

weil ______________________________

____

und ich möchte ______________________________

____

KV 19

Konfliktgespräche konstruktiv führen

- Formuliere Kritik als Ich-Botschaft.
- Begründe deine Kritik so, dass die anderen sie nachvollziehen können.
- Versuche, dich in die Perspektive der/des anderen hineinzuversetzen.
- An einem Konflikt sind mindestens zwei beteiligt. Überlege: Was trägst du zum Problem bei?
- Interessiere dich dafür, wie dein Gegenüber den Konflikt wahrnimmt – es kann sich nur dann etwas ändern, wenn ihr die Sichtweise der/des anderen versteht!
- Mache deutlich: Was erhoffst du dir für die Zukunft?
- Beachte die allgemeinen Gesprächsregeln, lass die/den anderen ausreden.

KV 20a

»Merkmale der Giraffensprache«

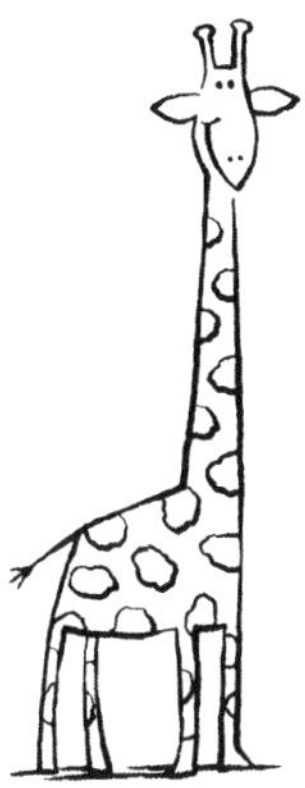

- **Ich sage dem anderen, was mich stört, ohne ihn zu beleidigen.**

  Beispiel:
  Mich stört, dass Du Dich jetzt nicht hinten anstellst, sondern vordrängelst.
  (Eine Hilfe: Ich sage nicht »Du bist blöd ...«, »immer nimmst Du mir meine Stifte weg ...« oder »nie hilfst Du mir ...«)

- **Ich sage, was ich fühle.**

  Beispiel:
  Ich fühle mich blöd, wenn Du Dich vordrängelst und ich mich anstellen muss.

- **Ich sage deutlich, was ich wünsche.
  Ich formuliere eine Bitte oder einen Wunsch.**

  Beispiel:
  Ich hätte gerne, dass ..., Ich bitte Dich um ...,
  Ich wünsche mir von Dir ...

(aus: Bundeszentrale für gesundheitliche Aufklärung (Hrsg.) (2002): Achtsamkeit und Anerkennung. Materialien zur Förderung des Sozialverhaltens in der Grundschule, S. 50).

KV 20b

»Symbol Giraffen«

(aus: Bundeszentrale für gesundheitliche Aufklärung (Hrsg.) (2002): Achtsamkeit und Anerkennung. Materialien zur Förderung des Sozialverhaltens in der Grundschule, S. 55).

KV 21a

»Friedensfüße«

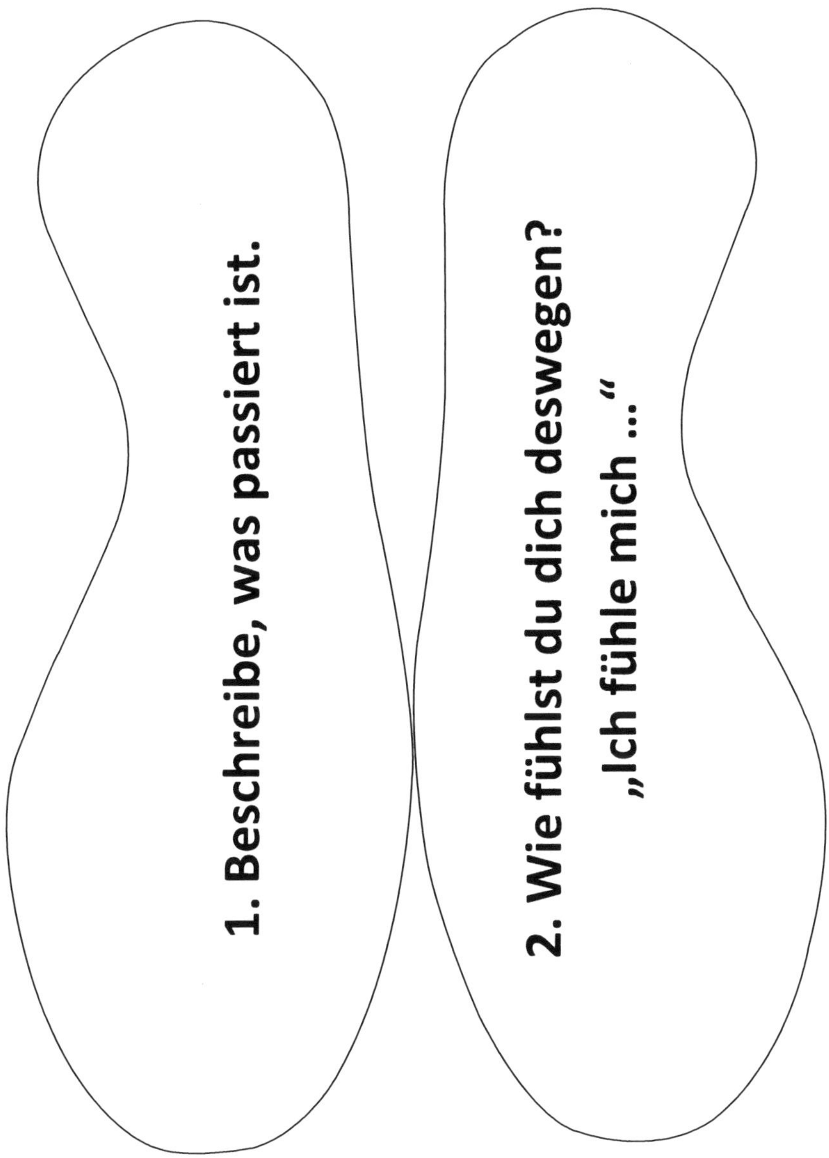

KV 21b

»Friedensfüße«

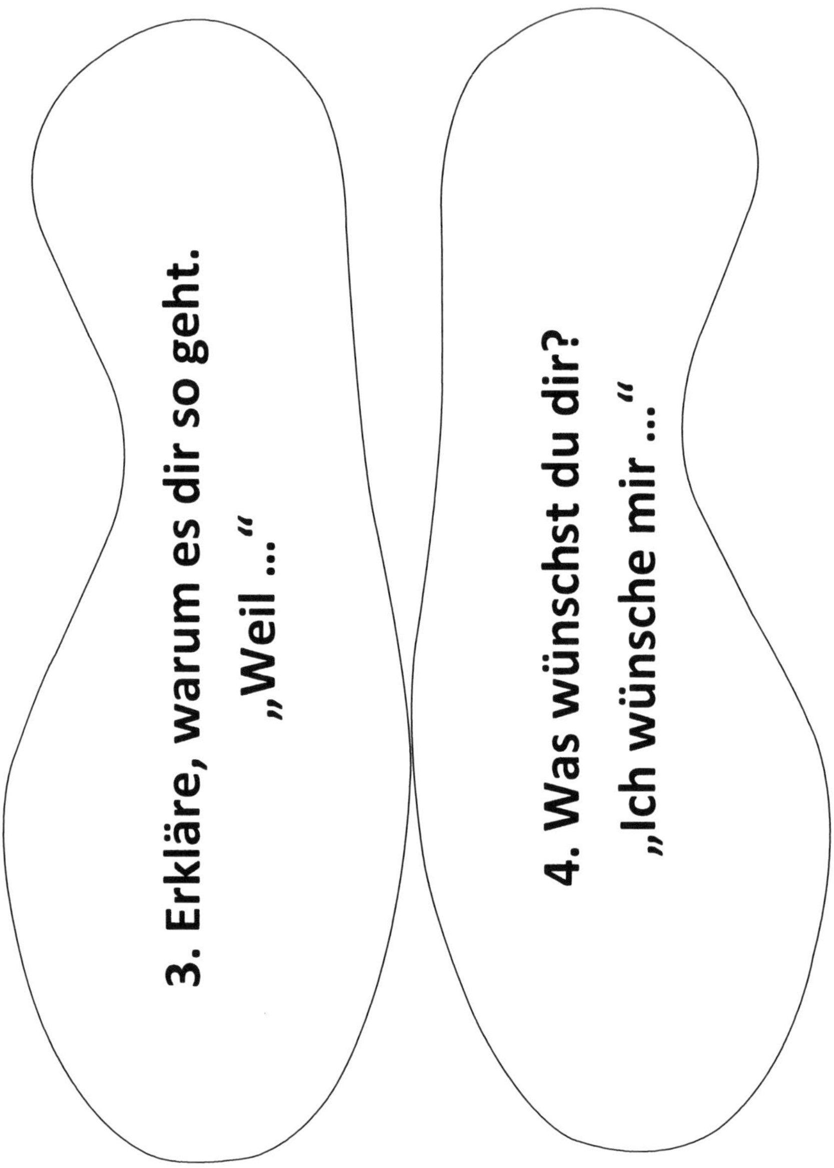

KV 21c

»Friedensfüße«

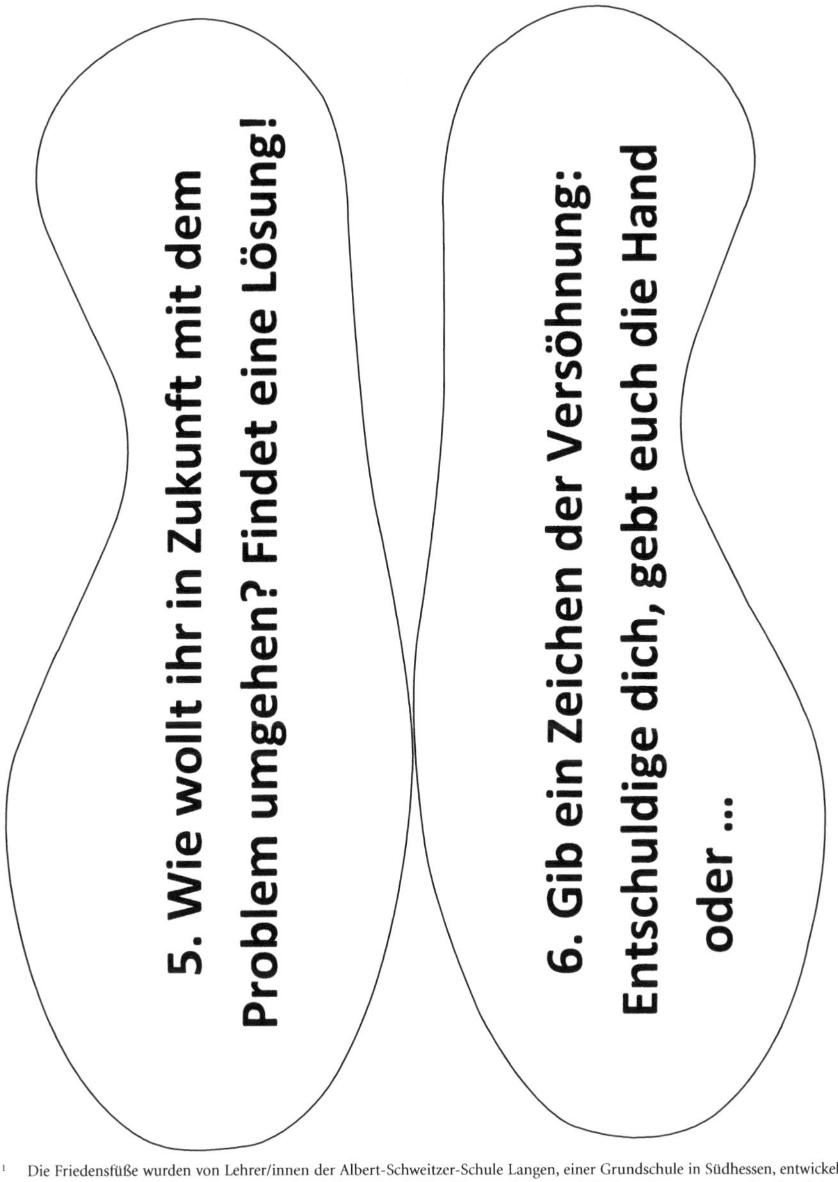

1 Die Friedensfüße wurden von Lehrer/innen der Albert-Schweitzer-Schule Langen, einer Grundschule in Südhessen, entwickelt, der Text wurde hier leicht verändert. Die Friedensfüße werden in Konflikten zwischen zwei Kindern eingesetzt, manchmal auch im Klassenrat.

KV 22a

Die Geschichte von den beiden Eseln (Anfang)

Beide Esel möchten Hafer fressen.

Illustrationen aus: Stundenbilder für den Verkehrsunterricht. Aggressionen im Straßenverkehr. Bonn: Deutsche Verkehrswacht, 1984.

Aufgaben

1. Erzähle die Geschichte nach.
2. Überlege dir: Wie kann es weitergehen?

Tipp: Es ist wichtig, alle möglichen Konfliktausgänge zu bedenken!

KV 22b

Die Geschichte von den beiden Eseln (Ende)

Aufgabe 1
Trage in die Gedankenblasen ein, was die Esel auf dem Bild denken könnten.

Lösung 1 – Überschrift: ....

Lösung 2 – Überschrift: ....

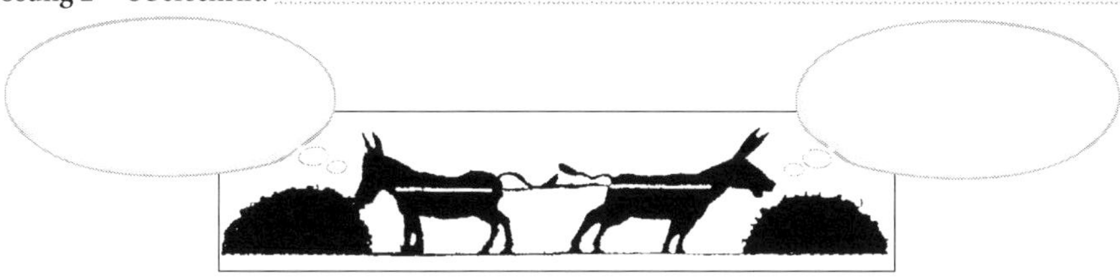

Lösung 3 – Überschrift: ....

Aufgabe 2
Ordne jedem Bild eine der folgenden Überschriften zu:
1. Gewinner – Gewinner
2. Verlierer – Verlierer
3. Gewinner – Verlierer

Illustrationen aus: Stundenbilder für den Verkehrsunterricht. Aggressionen im Straßenverkehr. Bonn: Deutsche Verkehrswacht, 1984.

KV 23

Zielscheibe zum eigenen Verhalten im Klassenrat

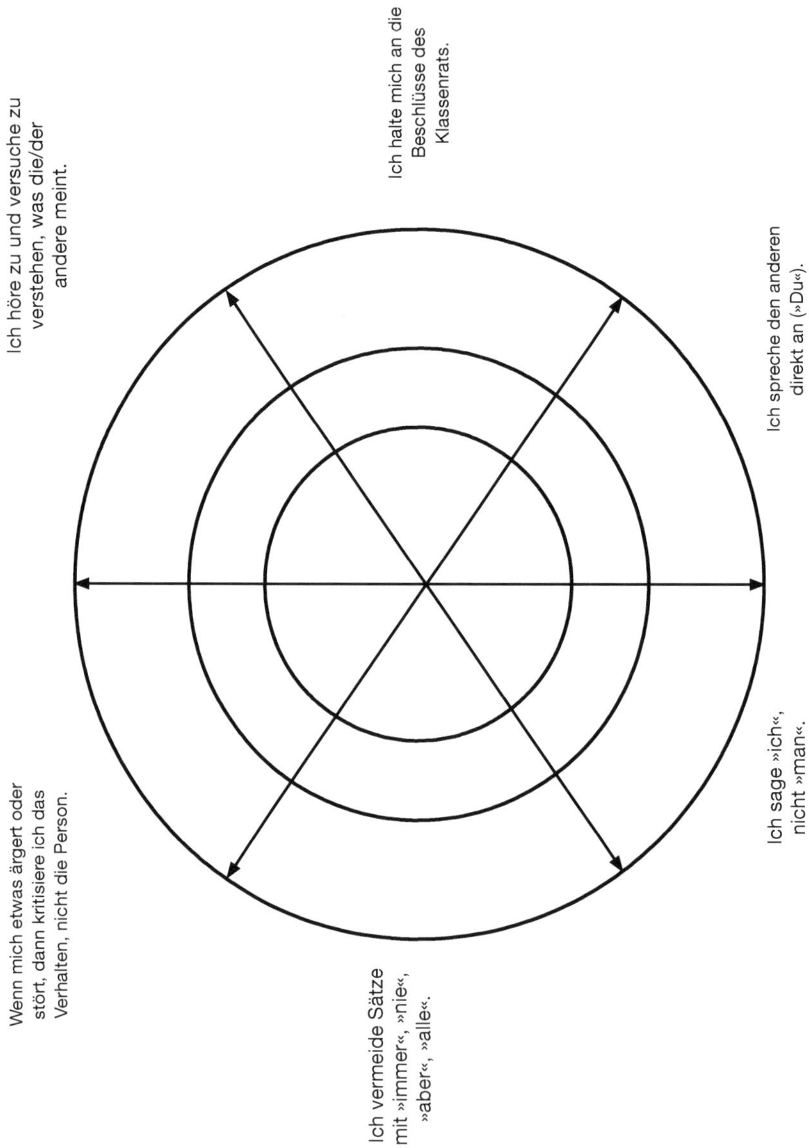

KV 24

Wie verhalte ich mich im Klassenrat?

(Selbsteinschätzung)

Damit der Klassenrat gut laufen kann, müssen bestimmte Regeln eingehalten werden. Wie gut gelingt dir das?

Die folgenden Fragen dienen deiner Selbsteinschätzung. Markiere auf der Skala, wie du dein Verhalten im Klassenrat siehst. Der Fragebogen wird nicht eingesammelt, deine Aufzeichnungen sind für dich bestimmt. Du selbst entscheidest, mit wem aus der Klasse (zu zweit, zu dritt oder zu viert) du dich über den Fragenbogen austauschen möchtest.

	1	2	3	4	5
	trifft nicht zu				trifft genau zu
Ich sage nicht »man«, sondern »ich« (»Ich-Botschaft«).	1	2	3	4	5
Wenn ich jemanden kritisiere, dann spreche ich sie/ihn direkt an.	1	2	3	4	5
Es gelingt mir, meine Kritik so zu formulieren, dass die anderen sie gut nachvollziehen können.	1	2	3	4	5
Bei Konflikten frage ich mich, was ich dazu beitrage.	1	2	3	4	5
Ich versuche, mich im Klassenrat in die hineinzuversetzen, deren Einstellung mir fremd ist.	1	2	3	4	5
Ich lasse andere immer ausreden.	1	2	3	4	5

KV 24

Wenn ich etwas sagen möchte, melde ich mich und warte, bis ich dran bin.	trifft nicht zu 1 – 2 – 3 – 4 – 5 trifft genau zu
Ich verhalte mich ruhig und führe keine Seitengespräche.	trifft nicht zu 1 – 2 – 3 – 4 – 5 trifft genau zu

Was fällt dir noch schwer? Notiere einen Punkt, auf den du in den nächsten vier Wochen bei dir besonders achten möchtest:

KV 25

Wie läuft unser Klassenrat?

Wir halten nun schon seit einiger Zeit Klassenrat. Deshalb ist es an der Zeit, einmal zu überlegen: Was läuft gut im Klassenrat? Was sollten wir verändern? Die folgenden Fragen sollen dabei helfen, dass wir unseren Klassenrat verbessern können. Gehe deshalb möglichst ausführlich auf die Fragen ein.

Sinn des Klassenrats

1. Was bringt es deiner Meinung nach, Klassenrat zu machen?

2. Wie wäre es, wenn wir keinen Klassenrat hätten?

Leitung des Klassenrats

3. Welche Aufgaben haben Klassenratsleiter/innen?

4. Wenn du selbst schon einmal den Klassenrat geleitet hast: a) Was war schwierig für dich? b) Welche Unterstützung hättest du dir gewünscht? c) Von wem?

5. Woran erkennt man, dass jemand seine Aufgabe als Leiter/in des Klassenrats gut erfüllt?

KV 25

6. Bekommen Schüler/innen, die etwas an die Wandzeitung geschrieben haben, ausreichend Zeit, um ihre Anliegen zu erklären?

7. Werden die Schüler/innen und die Lehrerin bzw. der Lehrer in der Reihenfolge der Meldungen drangenommen?

   ❒ immer ❒ oft ❒ selten ❒ nie

8. Was ist dir sonst noch zur Gesprächsleitung aufgefallen?

Diskussionsverhalten: Zuhören

9. Hören die Schüler/innen der oder dem, die/der gerade spricht, zu?

   ❒ immer ❒ oft ❒ selten ❒ nie

10. In welchen Situationen wird es im Klassenrat unruhiger?

11. Wie könntet ihr erreichen, dass sich die Schüler/innen im Klassenrat besser zuhören?

Diskussionsverhalten: Die eigene Meinung vertreten

12. Werden Standpunkte so geschildert, dass sie für die anderen nachvollziehbar sind?

    ❒ immer ❒ oft ❒ selten ❒ nie

13. Hast du das Gefühl, dass sich jede/r traut, die eigene Meinung zu sagen?

    ❒ immer ❒ oft ❒ selten ❒ nie

KV 25

14. Wenn du mit »selten« oder »nie« geantwortet hast: Woran liegt es deiner Einschätzung nach, dass sich einige aus der Klasse (manchmal) nicht trauen, zu ihrer Meinung zu stehen?

____

____

15. Was könnt ihr tun, damit sich alle trauen zu sagen, was sie denken?

____

____

16. Werden eigene Meinungen ausreichend begründet?

❐ immer ❐ oft ❐ selten ❐ nie

17. Werden Meinungen als persönliche Meinung (Ich-Botschaft) formuliert?

❐ immer ❐ oft ❐ selten ❐ nie

18. Gehen deine Mitschüler/innen auf die Argumente der anderen ein?

❐ immer ❐ oft ❐ selten ❐ nie

19. Gehst du selbst auf die Argumente der anderen ein?

❐ immer ❐ oft ❐ selten ❐ nie

Weitere Beobachtungen und Ideen

20. Was fällt dir sonst noch auf?

____

____

____

____

21. Welche Vorschläge hast du zur Verbesserung des Klassenrats?

____

____

____

KV 26a

Stationenlauf zum Thema »Klassenrat«

Station 1: Warum gibt es Klassenrat?

Gruppe: ______________________ Datum: ______________

Schreiber/in an dieser Station: ______________________

1. Wie unterscheidet sich die Klassenratsstunde vom Fachunterricht?

2. Stellt euch vor, ihr wärt Lehrer/innen – würdet ihr mit euren Klassen Klassenrat machen? Begründet eure Antwort.

KV 26b

Stationenlauf zum Thema »Klassenrat«

Station 2: Die Sitzordnung im Klassenrat

Gruppe: ______________________ Datum: ______________

Schreiber/in an dieser Station: ______________________

1. Im Klassenrat sitzen wir im Stuhlkreis – wie ist das für euch? Was ist für euch anders als bei der »normalen« Sitzordnung?

____

____

____

2. Sollte es Regeln dafür geben, wer im Sitzkreis neben wem sitzt? Welche?

____

____

____

3. Wie lange dauert es eurer Einschätzung nach, wenn ihr die Klasse zum Sitzkreis umräumt? Entwickelt Ideen, wie das Umräumen zügiger vonstatten gehen könnte.

____

____

____

KV 26c

Stationenlauf zum Thema »Klassenrat«

Station 3: Regeln

Gruppe: ______________________ Datum: ______________

Schreiber/in an dieser Station: ______________________

1. Gelten im Klassenrat die gleichen Regeln wie im Fachunterricht?
   Nennt Unterschiede, falls vorhanden.

____

____

____

2. Welche Regeln findet ihr wichtig für den Klassenrat? Welche dieser Regeln werden bereits eingehalten – zumindest in den meisten Fällen? Welche sollten stärker berücksichtigt werden?

Wichtige Regeln, die meistens eingehalten werden	**Wichtige Regeln, die noch zu wenig eingehalten werden**

3. Gibt es eine schwierige Situation in unserem Klassenrat, für die eine Regel fehlt?

____

____

____

KV 26d

Stationenlauf zum Thema »Klassenrat«

Station 4: Das Protokoll

Gruppe: ______________________ Datum: ______________

Schreiber/in an dieser Station: ______________________

1. Sollte jede/r alle Aufgaben im Klassenrat selbst ausprobieren (Leitung, Assistent/in der Leitung, Protokoll)? Begründet eure Meinung.

2. Worin seht ihr den Sinn des Klassenratsprotokolls?

3. Welche Erwartungen habt ihr an eine Protokollantin/einen Protokollanten?

KV 26e

Stationenlauf zum Thema »Klassenrat«

Station 5: Die Klassenratsleitung

Gruppe: ______________________________ Datum: ______________

Schreiber/in an dieser Station: ______________________________

1. Was erwartet ihr von einer guten Klassenratsleitung?

____

____

____

____

____

____

2. Welche Aufgaben sollte die Assistentin/der Assistent übernehmen? Wie sollte sie/er sich verhalten?

____

____

____

____

____

____

KV 26f

Stationenlauf zum Thema »Klassenrat«

Station 6: Themen im Klassenrat

Gruppe: ______________________ Datum: ____________

Schreiber/in an dieser Station: ______________________

1. Welche Themen gehören in den Klassenrat? Nennt mindestens drei Beispiele.

____

____

____

2. Gibt es wichtigere und unwichtigere Themen? Wenn ihr dieser Meinung seid: Nennt jeweils mindestens ein Beispiel!

wichtig: ______________________

____

unwichtig: ______________________

____

3. Könnt ihr euch wichtige Themen für den Klassenrat vorstellen, die wir noch nicht behandelt haben? Nennt Beispiele.

____

____

____

____

____

____

KV 26g

Stationenlauf zum Thema »Klassenrat«

Station 7: Eure Meinung

Gruppe: ______________________ Datum: ______________

Schreiber/in an dieser Station: ______________________

1. Welche Note gebt ihr unserem Klassenrat?

____

2. Beschreibt, was euch an unserem Klassenrat gefällt.

____

____

____

____

3. Was würdet ihr gerne verändern? Nennt einzelne Ideen, wie wir den Klassenrat verbessern könnten!

____

____

____

____

____